ラフマニノフ考

—チェロ奏者から見たその音楽像—

伊藤 悠貴 著

S.V. ラフマニノフ
生誕 150 年記念

はじめに

生誕150年に寄せて―作曲家 セルゲイ・ラフマニノフとの出逢い―

西欧芸術思想の激動に揺れる19世紀末。セルゲイ・ヴァシーリエヴィチ・ラフマニノフ（1873～1943）は、E・エルガー、G・マーラー、R・シュトラウスなど楽壇最後の後期ロマン派の作曲家たちに続いて、ロシア・ノヴゴロド州セミョーノヴォに生まれました。ロシア芸術史において、文学のみならず音楽、美術、バレエなど多分野の芸術が花開いた「銀の時代」を生きた彼は、革新のための芸術を求めた20世紀モダニズムには同調せず、ロシア正教会の鐘と聖歌、ロシアの民謡や大自然、象徴主義、詩的・絵画的性格、更にロマ音楽、歌劇における器楽性といった要素を取り入れ、西洋音楽の伝統を守る傍ら晩年にはアメリカの音楽文化に新しい可能性を見出し、独自の音楽様式を確立します。しかし、ラフマニノフの没後は芸術界全体の近代化が加速したことにより、その作品は時代錯誤という不当なレッテルと共に軽視され、特に20世紀後半は不遇の時代であったと言っても過言ではありません。

時を経た21世紀の音楽界では、ピアニストを中心にラフマニノフ作品を積極的に取り上げる演奏家が増え、彼の一部の音楽が頻繁にメディアに登場するようになったことも相まって、私たちの音楽体験がより豊かなものとなったのは疑いようのない事実です。ただその一方で、彼が自身の最高傑作と位置付けた合唱交響曲《鐘》や宗教合唱曲《徹夜祷》を始め、中期の優れた二つの歌劇、また多くの歌曲の真価は（言語の壁を考慮に入れたとしても）あまりに見過ごされ、《ピアノ協奏曲第2番》、《交響曲第2番》などの限られた作品に対する賛辞、そして批判は未だに、そのロマンティシズムとメランコリーばかりに着目したものであることも否めません。

ラフマニノフに導かれ音楽の世界へ

私がラフマニノフの音楽と初めて出逢ったのは、小学校に入ってすぐの時分でした。豊かな専門知識があった訳でもなく、感性もその当時どの程度のものだったのかは定かでありません。しかし、20世紀チェロ界の巨匠ポール・トルトゥリエの録音で初めて聴く《ヴォカリーズ》に私は大きな衝撃を受け、旋律の美しさや哀愁を帯びた曲調といった部分よりは、何かとてつもなく深淵な、言葉による表現を超越した世界に共感を覚えたのです。

それは言葉の終わりに音楽は始まるという、真にロシア象徴主義的な思想に触れた瞬間でもありましたが、その事実を理解するのは後年になってからであり、幼い私はその偉大な芸術にただひたすら夢中になりました。

その直前、私は少しばかりヴァイオリンを習っていましたが、先生が座っているのに自分だけが立っていることに不満を持ち、小学校一年生で座って弾くチェロに転向しました。全くまともな理由ではありませんが、その時「立ちたくない」と思っていなければ、その後ラフマニノフの《チェロ・ソナタ》に奏者として関わることもなかったでしょう。

その作品を初めて知ったのは、日本の恩師・倉田澄子先生のもとで学んでいた小学校高学年の頃です。私は瞬時に曲に対する大きな愛情を抱き、あたかも「自分が書いたのではないか」と錯覚するほどの感覚と共に、いつか自ら演奏したいという気持ちを日々募らせました。まだ将来はプロの演奏家になるとは全く思っておらず、勉強を優先してしばらくチェロを弾かなかった時期もありましたが、中学生になってまたチェロと向き合い、続ける意思を持った根底には、「生まれ変わったらこの曲になりたい」と思うまでの作品に対する思い入れと、その演奏に対する使命感がありました。

二人の恩師

　間もなくして私は家族と共にイギリス・ロンドンに移り住むことになり、15歳で日本を離れました。ロンドンに到着した翌朝、右も左も分からない異国の地で最初に出逢った人物はイギリス人ではなく、ロシア人チェロ奏者であるアレクサンダー・ボヤールスキイ先生でした。先生は長年モスクワ国立交響楽団（Moscow State Symphony Orchestra）の首席チェロ奏者を務めた後、ソ連崩壊の直前に西ヨーロッパに亡命した音楽家の一人ですが、驚くべきことに、彼はラフマニノフの最大の理解者にして《チェロ・ソナタ》献呈の栄に浴したチェロ奏者、アナトーリイ・ブランドゥコフ直系の孫弟子だったのです。

　また同国では、いつか弟子として習いたいと強く願っていた世界的チェロ奏者、ダヴィド・ゲリンガス先生との邂逅にも恵まれました。先生は何度も来日して演奏会を開いていらっしゃったため、渡英の数年前にサントリーホールの楽屋を約束もなしにこっそり訪ね、

「いつか僕の演奏を聴いていただきたいです。」

とお伝えしたのが最初の出逢いでしたが、その時先生は、

「あなたが大きくなったら、いつかヨーロッパで演奏を聴かせてください。」

と仰ってくださり、イングランド北部・湖水地方のマスタークラスでついにそれが実現したのでした。

このような経緯で二人のロシア音楽のスペシャリストである師を持ち、両師からはラフマニノフの音楽を多く学び、満を持して私は念願の《チェロ・ソナタ》を弾き始めました。その教えにはラフマニノフに纏わるどの文献にも載っていない口頭伝承によるものがあり、曲の冒頭部分だけでレッスンが終わったこともありました。
チェロ奏者として生きてゆくことを私が決意したのはこの頃ですが、時期を同じくして私がいよいよ本格的にラフマニノフ研究者を標榜するようになったのも、今考えればごく自然であったように思います。

その後私は寮制スクールに在籍し、そこで多種多様な国籍の友人と出会いました。彼らとの会話には頻繁にラフマニノフが登場し、歌劇《フランチェスカ・ダ・リミニ》、合唱交響曲《鐘》、宗教合唱曲《徹夜祷》を始め、ラフマニノフ本人の指揮による交響詩《死の島》や《交響曲第3番》を夜通し聴き耽ったものです。また友人がそれと知らずに設定していた携帯電話の目覚まし音が《ピアノ協奏曲第1番》第3楽章であったことに触発され、当時はまだ三和音しか入力できなかった〝マイ・アラーム〟で二十余声部から成る《交響曲第1番》第4楽章冒頭部を作成したのは、その頃の良き想い出です。思えば、これが私の人生初の編曲であったと言えるかも知れません。

巨匠アシュケナージと

高校卒業後は両師に更なる教えを乞うため、ロンドンの王立音楽大学で学びながら各地のマスタークラスで研鑽を積みましたが、在学中に私のラフマニノフに関する想い出の中でも、強く印象に残っている出来事がありました。

大学には世界的な音楽家が定期的に訪れており、ウラディーミル・アシュケナージもその一人として、毎年オーケストラを指揮するために来校していました。アシュケナージといえばラフマニノフ研究の第一人者で、ピアニスト・指揮者として他の誰よりもラフマニノフ作品の演奏と紹介に力を入れていた方です。既にラフマニノフ探究に目覚めていた私にとって、彼は当然のごとく憧れの存在でした。

このチャンスを逃すわけにはゆかぬと、彼が大学を訪れている間になんとか演奏を聴いていただけるように手を尽くし、たまたまスケジュール変更で余裕ができたタイミングで、氏の前で演奏する機会が巡ってきました。

私は恐る恐る彼の部屋に入っていきましたが、マエストロは笑顔いっぱいに出迎えてくださり、一気に緊張は解《ほぐ》れました。

「何を弾いてくれますか?」

と訊ねられ、私はドヴォルザークの《チェロ協奏曲》のスコアをお渡ししました。彼は様々

な想い出を振り返るようにしばらくじっとそれを見つめた後、厳しい指揮者の顔付きになり、

「いつでもどうぞ。」

と仰いました。

その表情を見た途端また緊張が戻ってきてしまい、実際に私がどう演奏したのかは全く記憶に残っていませんが、弾き終わったところで氏は指揮者としての立場から、「アンサンブルの中でソリストがどう柔軟性を持つか」という点について貴重なアドバイスをくださいました。

その後、私のお気に入りであったCD（彼がロイヤル・コンセルトヘボウ管弦楽団と録音した合唱交響曲《鐘》）にサインをしていただく機会を待っていると、氏は突然、

「もしよろしければ、今から私と一緒に何か弾きませんか？」

と仰いました。

私は驚きのあまり何の話なのかさっぱり分から

Mo.アシュケナージと（本人の承諾を得て掲載）
2013年2月　イギリス・ロンドン

ず、呆然としていると、

「あなたのチェロと私のピアノで。何が弾きたいですか?」

と再び訊いてくださいました。

私は訳も分からず、常に携帯していたラフマニノフの《チェロ・ソナタ》の楽譜を取り出して言いました。

「ラフマニノフを研究していて、これをあなたと弾けたなら、この上ない幸せです。」

「チェロ・ソナタ！ピアニストとして最後に弾いたのは、もう二十年も前だよ。」

大急ぎで大学のコンサート・ホールに移動して、私たちはラフマニノフの《チェロ・ソナタ》を弾きました。

(あのアシュケナージの音がそこで鳴っている…。僕のチェロと一緒に…！)

常に彼の方を見ながら、その瞬間から得られる全てを吸収しようと、私は全身全霊で弾きました。二十年弾いていないはずなのに、それは他の何ものでもない、アシュケナージのラフマニノフの音でした。

弾き終わった後、彼にラフマニノフについていくつかの質問をしましたが、結局サインをいただくのは忘れてしまいました。

「またあなたと一緒に演奏したい。」

マエストロは最後にそう仰ってくださいました。

２０１９年に氏が演奏活動を引退し、再演が叶わなくなってしまったことは残念ですが、ピアニスト・アシュケナージとラフマニノフの音楽を奏でた記憶は、時を経てなお私の中に強く生き続けています。


私はその日以降、自分の核となる部分にある〝ラフマニノフ〟という存在をそれまでよりも更に強く意識し、毎年少しずつ形を変えながら行う「オール・ラフマニノフ・リサイタル」や作品の編曲を通して、ラフマニノフの魅力を伝える活動に力を注いできました。

ラフマニノフの音楽は常に私に深いインスピレーションと活力を与え、それは私が演奏家としてのアイデンティティを確立する上で、最も重要なものとなっていったのです。

ラフマニノフ、その果てしない魅力を

ラフマニノフの生涯や史実に関する書物については、N・バジャーノフ著「伝記 ラフマニノフ」（１９７５年）が知られていた一方で、その自由な創作には事実を確認できないものが多く、ラフマニノフの生前に出版された最初の伝記「Rachmaninoff's Recollections」(Rieseman, 1934) についても信憑性に欠ける部分が存在するため、２０１０年代になるま

では「Rachmaninoff: Composer, Pianist, Conductor」（Martyn, 1990）などの英語文献は非常に貴重でした。その後２０１６年に「Rachmaninoff: Life, Works, Recordings」（Harrison, 2005）の日本語版が刊行されたことによって、ようやく日本語でも史実に基づく正確なラフマニノフ文献が手に入るようになったのは大きな進展です。しかしそれらの書物は全て学者や伝記作家によるもので、演奏家の視点によるラフマニノフ研究については、生誕１５０年を迎えた２０２３年になっても依然として、ほとんど開拓されていない領域のままでありました。

本書ではこれまで私が演奏を通して研究を深めてきた作品を中心に、多岐にわたるラフマニノフ作品を器楽で演奏する上での可能性を最大限追求し、彼が最も信頼した音楽家たちによって伝えられたラフマニノフ自身の言葉と音楽観の記録、そして学際的アプローチを以て、チェロ奏者の視点からラフマニノフの芸術、所謂甘いロマンスとは無縁の音楽精神を考察します。

弾き手聴き手を問わずひとりでも多くの音楽を愛する方にとって、本書がラフマニノフの果てしない魅力を見つめ直すきっかけとなれば、この上ない幸せです。

伊藤悠貴

中期の歌曲

目次

第3章 歌劇——器楽的抒情と後の作品への影響 097〜112

1910年　イワノフカで『ピアノ協奏曲第３番』を作曲中のラフマニノフ

「凡例」

＊本書における音の表記は全て英語表記で行った（例：シ＝B、レのフラット＝D♭）。

＊本文中の日付は全て露暦ではなく西暦とし、例外的に露暦を用いた部分にはその説明を併記した。

＊ロシア人名の日本語表記については極力日本で広く使われる例に従った。

＊曲もしくは詩の作品名に使用されている「ジプシー」という単語については、当時の表記習慣を尊重してそのまま使用することとしたが、本文における表現については一貫してジプシーを表現する「ロマ」「ロマ音楽」を使用した。また、「ジョージア」については本書が刊行された時点での日本政府公式の呼称で表記し、「キエフ聖歌」は歴史的用語であるためそのままとした。

＊♫は「編曲の手引き」を指す。

第1章　歌曲

ラフマニノフ作品の特徴と象徴主義

幼少時のラフマニノフにピアノを教えたのは母であったが、当時のピアノ教育に纏わる彼自身の曖昧な回想よりも興味深いのは、ラフマニノフ家の家庭教師であったマダム・ドゥフェールという女性がよく歌を歌い、10歳にも満たない彼はそれを熱心に聴いていたという事実だ(1)。時には家庭教師と二人きりで世話をしてもらうため仮病を使い、彼女にF・シューベルトのF・v・シラーの詩による「乙女の嘆き」を歌わせると、ラフマニノフは後日記憶だけで完璧にその伴奏を付けた(2)。また祖母とはノヴゴロドの修道院や聖堂に頻繁に足を運び(3)、この頃に身に染み付いた**正教会の鐘**の音、そして慣れ親しんだ**聖歌**は、後に生み出される傑作の多くに決定的な影響を与えてゆくこととなった。

「ラフマニノフ＝ピアノ」という広く持たれているイメージとは裏腹に、この時より既にラフマニノフの音楽的インスピレーションの根源は「歌」であったことが窺い知れるが、そのラフマニノフ音楽を良く特徴付けるものとして、まずは三つの要素「ポリフォニー」、「和声」、「半音階」に目を向けたい。

ノヴゴロドのソフィア寺院から望むヴォルホフ川遠景

ポリフォニー（多声音楽）はラフマニノフ音楽の中核とも言える要素の一つである。その立体的に構築される**対位法**は歌曲においても顕著で、ピアノ・パートは単なる伴奏の域を遥かに超えて独立した役割を果たす。また正教会の鐘の響きに霊感を受けた**和声**は強烈な個性を彼に与え、後期ロマン主義的な色彩には半減七和音を駆使した手法が多く見られる。それはしばしば**ズナメニ聖歌**（正教会の伝統的な聖歌）独特の**半音階**、段階的旋律によって構成されるが、同じく半音階の魔術師であったR・ワグナーの手法（全く異なる調性間で見られる半音階）とは性質が異なり、ラフマニノフの半音階は一定の調性の中で多様性を持ち(4)、結果として独特の和声進行を形成している。

後述の二つの歌劇『吝嗇の騎士』（作品24）、『フランチェスカ・ダ・リミニ』（作品25）などに見られる影響を除いて、半音階が重要な役割を持つラフマニノフ作品がC・ドビュッシーの『ボードレールの五つの詩』、A・スクリャービンの『交響曲第2番』などにあるワグナー的な響きを持たないのは、そのためである。

本章では、最初期作品からラフマニノフが最後に歌のために作曲した晩年の作品『管弦楽と合唱のための三つのロシアの歌』（作品41）第3曲の基となる歌曲、また遺作『二つの聖なる歌』（1916年）を含む歌とピアノのための全作品90曲の中から器楽演奏に適した50曲を厳選し、それらを通してラフマニノフの作風とやがて到達する**象徴主義**について紐解いてゆく。

なお、以下の点につきあらかじめお断りしておきたい。

＊歌曲の邦題、詩の日本語訳については伊東一郎著『ラフマーニノフ歌曲歌詞対訳全集』の表記と内容に倣い、そこに収録されていないものについては、筆者が過去に上演した際に訳し、以来再演時にも一貫して使用しているものをそのまま使用した。

＊七つのまとまったラフマニノフの作品番号付き歌曲集（作品4、8、14、21、26、34、38）のうち、作品4、8、38の三つについては全曲を選曲した。

＊本書では歌曲の時代区分について、作品番号のない最初期のもの、作品４と作品８の歌曲集を「前期」、作品14、作品21、作品26の歌曲集を「中期」、作品34、作品38の歌曲集と遺作を「後期」と表記する。これは、ラフマニノフが１９１８年１月５日にロシアを永遠に去るまでの間に書かれた歌曲群（全90曲の歌曲のうち、１曲を除く89曲）の時期分けであり、ラフマニノフの創作全般における「前期・中期・後期」とは一致しない。ただし、「中期の二つの歌劇」など歌曲以外の作品に使用する時代分けについては、創作全般に対応するものとする。

＊ラフマニノフと深く結び付けて考えられているグレゴリオ聖歌「ディエス・イレ」（怒りの日）の動機については、最初の音節「Di-es-i-rae-di-es-il-la」の８音全てを完全に引用した作品は『パガニーニの主題による狂詩曲』（作品43）が最初であり、他には最後の作品『交響的舞曲』（作品45）を数えるのみであるため、それ以前の多くの作品に登場する不完全な動機に関しては、本書では一貫して「ディエス・イレ的」と表記する。

1880年代初め

N.S.ズヴェーレフと教え子たち

1888年（前列）左からA.スクリャービン、ズヴェーレフ、K.チェルニャーエフ、M.プレスマン、（後列）S.サムエリソン、L.マキシーモフ、S.ラフマニノフ、F.ケーネマン

左から：
V.D.スカロン、N.A.サーチナ、S.A.サーチナ、ラフマニノフ（サーチン家が住んでいたアルバート街のパゴージェワの家で。1890年代）

S.I.タネーエフ（1856-1915）

A.S.アレーンスキイ（1861-1906）

♫ 器楽演奏のための編曲手引き

第1章に登場する全ての歌曲は、声を伴わない器楽演奏においても、息の長いフレージングと低音から中高音域にかけての深い音色を最大限に生かし、ピアノ・パートとのポリフォニーを構築できる作品として厳選したものである。

本文中の♫には、それらを器楽奏者が演奏する際の編曲の提案を書き記し、何も記していない歌曲に関しては、ヴォーカル・パート以外を演奏する編曲は特に必要がなく、その曲を通して表記の音域、もしくは1オクターヴ下の音域で演奏するのが最も効果的であるものとした。また、ピアノ・パートの旋律もしくは音を独奏者が演奏することを示唆する部分については、該当音をピアノで重ねるか割愛するかの判断は演奏者に委ねるものとし、和声の色彩的観点から物理的、技術的な問題による移調は極力避けるものとする。弦楽器の場合については、移弦等による同じフレーズ内における不適切な音質の相違はできる限り回避するものとする。

なお、全てはチェロ奏者用の編曲提案を基準として表記するが、チェロ奏者以外の器楽奏者におかれては、適宜編曲ポイントをその楽器のために応用されたい。

最初期の歌曲

ラフマニノフは１８９０年代初頭には既にいくつかの歌曲を作曲している。その全ては習作的な意図で作られ、そこにはＭ・ムソルグスキーとＰ・チャイコフスキーの強い影響が見られるが、ラフマニノフ特有の和声と音楽的語法はそのはっきりとした姿を既に現している。

「聖なる僧院の門のかたわらに…」（１８９０年）

ラフマニノフが書いた最初の歌曲。後述する『徹夜祷』（作品37）などの宗教曲以外にも、本作品を皮切りに「聖像画の前に」（作品21‐10）、「キリストは蘇り給いぬ…」（作品26‐6）、「ラザロの復活」（作品34‐6）、遺作『二つの聖なる歌』（１９１６年）など、これから生まれる重要な歌曲のいくつかは**宗教的な題材**を有する。

原詩の創作者Ｍ・レールモントフは、Ａ・プーシキンが決闘によって命を落とした事件を受けて「詩人の死」を作詩し、当時のロシア帝国における貴族の階級制度を糾弾した人物である。レールモントフはラフマニノフが愛した詩人であり、彼にとってプーシキンよりも身近な存在であった[5]。初めて完成させた歌曲であるにも関わらず、本作品の前奏、後奏は早くもラフマニノフ歌曲におけるピアノの対等性を物語っている。

♫ 歌が入る直前までの前奏の旋律（冒頭から8小節2拍目まで）および後奏の旋律は、チェロで（1オクターヴ下の音域で）演奏する。

「四月だ！春の祭りの日…」（1891年）

フランスの詩人E・パイユロンの詩による。ラフマニノフ歌曲の中で唯一フランス語の歌詞を持つ。初期作品の特徴とも言える、苦労を感じさせない天性の旋律美と和声的感性は、器楽による演奏においても充分にその魅力を発揮する。

♫ 後奏の旋律もチェロで演奏すると効果的である。

「夕闇は迫り…」（1891年）

A・トルストイ（「戦争と平和」等の著者L・トルストイの又従兄弟）の詩による歌曲。筆者がここで着目するのは、詩のロマン的な情景描写に対して、その風景が音楽を通して浮かび上がるような**音の絵画**であるが、こうした手法は最晩年に至るまでのラフマニノフ作品の色彩的特徴を予期させる。チェロの名手でこの楽器のための作品を多く生み出したK・ダヴィドフも、同じ詩を用いた歌曲を遺している。

「ヴォルガの船曳きの歌」（1891年）

ロシア民謡「船曳きの歌」（原題：Бурлацкая песня）（名高い民謡「ヴォルガの舟歌」（原題：Эй, ухнем）とは別物）のラフマニノフによる編曲歌曲。譜面には「1891年9月10日」の書き込みがあり、歌曲はI・レーピンによる絵画「ヴォルガの船曳き」を思い起こさせる。ラフマニノフ没後の1944年に一度出版されたきりの楽譜は、その後「www.senar.ru」で入手可能となった。

ラフマニノフの生涯の友であったバス歌手F・シャリャーピンは幾度か本作品を取り上げており、ラフマニノフのピアノ伴奏で歌っている(6)。なおロシアの民族楽器については、ラフマニノフはガルモーシカ（ロシアのアコーディオン）を、シャリャーピンはバラライカ（三角形の木製の胴を持つ3弦の楽器）を好んだという(7)。

♫ 曲中繰り返し登場する「Ухнем грянем!」（英訳：Yo, heave ho!）の中でも、13～14小節、25～26小節の音形は1オクターヴ上の音域で演奏すると良い。

初期の歌曲

W・シェイクスピアのソネットのような切迫した表現力を持つ失恋歌は、最初期の習作歌曲に続いて最初の歌曲集『六つの歌曲』（作品4）にも多く登場するが、歌曲におけるラフマニノフ独自の芸術性はここで早くも習作歌曲のそれを大きく凌駕する。また『六つの歌曲』（作品8）は全歌曲集中唯一、J・W・v・ゲーテ、H・ハイネのドイツ詩（A・プレシチェーエフによるロシア語訳）をラフマニノフが音楽化したものを含む曲集である。

「いや、お願いだ、行かないで！」（作品4－1）

D・メレシコフスキーの詩によるポリフォニー歌曲。ラフマニノフが明らかに特別な感情を抱いていた女性―ロマの血を引く美しい人妻A・ロドゥイジェンスカヤに捧げられた（後述：「彼女に」（作品38－2）参照）。終盤の**半減七和音**の連続配置（ヴォーカル・パート最終部に現れるffからfffにかけて）によって、最も緊張が高まる。

「朝」（作品4－2）

ラフマニノフの友人でもあったM・ヤーノフの詩による。朝焼けが昼に愛を囁き、空を抱きしめて夜は明けてゆく。〝愛しているわ〟という情熱的な言葉による幕開けに対し、ここでもラフマニノフは感情豊かな半減七和音で対応している。ロシア的な美しい自然描写と瑞々しい音楽による音の絵画である。

♫ 後奏に２回登場する冒頭のヴォーカル・パートの４音の動機（D♭⇅C♯異名同音）はチェロで演奏する。

「ひそかな夜のしじまの中で…」（作品４－３）

原詩は抒情詩人Ａ・フェートのもの。歌曲集の中で最も早い時期に書かれ、１８９０年に「チェロとピアノのためのリート（ロマンス）」（後述：第４章）と共に初恋の相手であるヴェーラ・スカロンに献呈された。歌曲集に本作を含めるため、作曲後に若干の改訂が行われている。管弦楽的な響きを持つ歌曲であり、筆者は独奏チェロと管弦楽のための編曲でも本作品を弾いて、大きな演奏効果を確認した。

♫ ヴォーカル・パートの出だしから７小節間は１オクターヴ下の音域で演奏し、その次の小節から曲の最後までは表記の高さで演奏する。

「歌うな、美しい女よ…」(作品4-4)

ロシア人に最も愛されている国民的詩人プーシキンの抒情詩による歌曲で、詩はプーシキンがジョージアで出逢った女性を想って書かれている。性質はそれぞれ違うものの、次に配置される歌曲と並んで歌曲集の中で民俗的な主題を持つ。東洋的描写が色濃く現れた同詩によるロシアの民謡抒情はM・グリンカの同名曲まで遡るが、プーシキンの詩はグリンカの声楽の弟子が口ずさんだコーカサスのメロディに触発されているため(8)、本作品は詩化された音楽の再音楽化とも言える。

♫ヴォーカル・パートはしばらく1オクターヴ下の音域で演奏し、最後に主題が回帰した際には表記の高さに戻した上で、後奏のピアノ・パートのバス記号譜における旋律を2小節演奏し、後奏が始まる場所から数えて3小節目からの2小節間は譜面の最低音を演奏する。次の小節からは、チェロの最低A音を最後の分散和音直前まで伸ばす。

「ああ、わたしの畑よ…」(作品4-5)

A・トルストイの詩による。ここで描かれる畑の不作とは、人生における絶望の象徴と解釈するべきであろう。民謡的な手法を取り入れ、プロチャージナヤ民謡（ロシアの抒情歌）的旋律とリズムがD、A、F音を軸に形成され、一つの音節に対して二つ以上の音符を用いて歌うメリスマの多用と、不規則な拍子の変化によって歌われる。歌の幕を閉じる母音歌唱は、後述の「私は悲しい恋をした…」（兵士の妻）（作品8-4）の終結部、並びに後期歌曲「ヴォカリーズ」（作品34-14）を予見させる。

「昔のことだろうか、友よ…」（作品4-6）

A・ゴレニシチェフ=クトゥーゾフの詩による歌曲。本章冒頭でラフマニノフの特徴として筆者が述べた半音階と対位法は、本作品では短調で描かれる別離の光、そして再会を象徴するかのような長調の嵐を見事に対比している。

♫ Agitato の3小節前に関しては、C♯→G♯→G♮→G♮→C♯ のパッセージを更に1オクターヴ下げ、その直前と変化を付けるのも良い。最後はピアノに合わせてピッツィカートによるト長調の和音を加えると効果的である。

「睡蓮」（作品8-1）

原詩はドイツ・ロマン主義の詩人ハイネによる。ハイネの睡蓮（蓮との違いに注意）を用いた歌曲としては、R・シューマンの『ミルテの花』第7曲「睡蓮の花」が広く知られているが、シューマンの用いた詩はハイネが1827年に発表した詩集『歌の本』の中の「抒情的間奏曲」から取られたもので[9]、本作の詩は後の1844年に刊行された『新詩集』の中の「新しい春」に収められている全くの別物である[10]。興味深いことに両詩における睡蓮と月の関係は真逆であり、シューマンの用いた詩では睡蓮が月に恋し、ラフマニノフの用いた詩では月が睡蓮に恋している。ゆえに音楽も全く違ったものとして扱われ、ラフマニノフは抒情性豊かな歌とアイロニーを内包したピアノの序奏・後奏の対比によって、詩の世界観を巧妙に表現した。

♫ 最初は1オクターヴ下の音域で演奏し、Meno mosso で元の高さに戻す（2回目も同じ）。後述「チェロとピアノのための東洋的舞曲」（作品2-2）の最終音ピッツィカートを模倣し、最終音ではピアノに合わせて最低G音のピッツィカートを挿入する。

「花のようにおまえは美しい…」（作品8-2）

続く作品もハイネの詩による歌曲。詩は同じくシューマンによる歌曲（『ミルテの花』第24曲）で知られている。ピアニストでラフマニノフの従兄であったＡ・ジロティがピアノ独奏用の編曲を残しており、器楽的な装飾音が効果的に挿入されている。

♫ 後奏はヴォーカル・パートが終わる直後の音形（Ｇ→Ｆ）からチェロで演奏し、最後から２小節目の２拍目以降はＧ音を最後まで伸ばす。

「思い」（作品８－３）

ウクライナの詩人・画家のＴ・シェフチェンコの詩による。ポリフォニーの要素が少ないこの歌曲ではピアノとテクスチュアが重なりやすく、単独での扱いには適していない。作品８の歌曲集として全曲を取り上げる際に演奏することで、作品の価値を最も効果的に引き出せる。

「私は悲しい恋をした…」（兵士の妻）（作品８－４）

同じくシェフチェンコの詩による歌曲。最初期の歌曲「『ボリス・ゴドゥノフ』からの二つのモノローグ」でラフマニノフがムソルグスキー的な朗唱を試したように、本歌曲にもムソルグスキーの影響が聴き取れる。終結部の母音によるパッセージは、言葉のない歌曲「ヴォカリーズ」（作品34－14）に見る象徴主義（詳細は56頁以降で解説）を早くも暗示している。

「夢」（作品8－5）

ハイネ『新詩集』から。筆者はこの作品では2回にわたるLento直前の半減七和音、また間奏の劇的な転調が音楽的に最も重要な要素であると考え、それらは全てピアノによって提示される。ヴォーカル・パートの演奏者はそれを支える形で旋律を特徴付け、適切な音色作りと歌い回しで応じる。

♫ 使用するチェロによっては一貫してD線のみで（最後のLento直前のE♭→Gも含め）演奏すると良い。

「祈り」（作品8－6）

ゲーテの戯曲「ファウスト」に登場するファウスト、グレートヒェン、メフィストフェレスの人物像が各楽章に暗示される「ピアノ・ソナタ第1番」（作品28）を除いて、ラフマニノフ唯一のゲーテの詩による作品である。原詩はゲーテのウェルテル時代(11)に発表されたジングシュピール（18〜19世紀に流行したドイツの大衆歌芝居）『エルヴィンとエルミーレ』の劇中歌で、モーツァルトも歌曲「すみれ」でエルヴィンの〝人知れぬ恋の望み〟を歌った第1幕第2場の歌を使用している。「祈り」の場面は第2幕第8場にあたり、そこでは変装したエルヴィンの前に（それが本人とは知らない）エルミーレが跪き、彼を邪険にした己の愚かさを嘆く様子が描かれる(12)。

本作品において、筆者は最後のMeno mosso直前にある半減七和音の連続に着目する。その手法は「いや、お願いだ、行かないで！」（作品4-1）のそれと似ているが、こちらでは二つ目の半減七和音は半音下に配置されている。また、後奏に現れる葬送のリズム（付点8分音符＋16分音符）に重ねられた三連符は、ラフマニノフが多くの作品で信仰表現として使用した**聖三位一体**（ここでは〝祈り〟を指す）であると考えられる（後述「ここはすばらしい…」（作品21-7）も参照）。

♫後奏では、最後の2小節でチェロの最低C音をピアノに重ねる。

中期の歌曲

中期の歌曲群は、木々、水を湛えた自然、そして空の音を聴き、そこに音楽を見出すといった極めて**19世紀ロシア的な感性**に満ちており、対位法、和声法の両面においてラフマニノフの技法は『十二の歌曲』（作品14）、『十二の歌曲』（作品21）、『十五の歌曲』（作品26）の歌曲集を経て成熟期に入る。そこにはP・シェリー、V・ユゴーなど後期歌曲作品には見ないイギリス、フランスのロマン主義詩人による詩（ロシア語訳）から着想を得た作品も登場し、中期歌曲特有の魅力を彩っている。作品14の歌曲集についてはピアノとのバランス問題が生じ兼ねない作品が多く、選曲は特に注意して行った。

「小島」（作品14－2）

イギリス・ロマン主義詩人

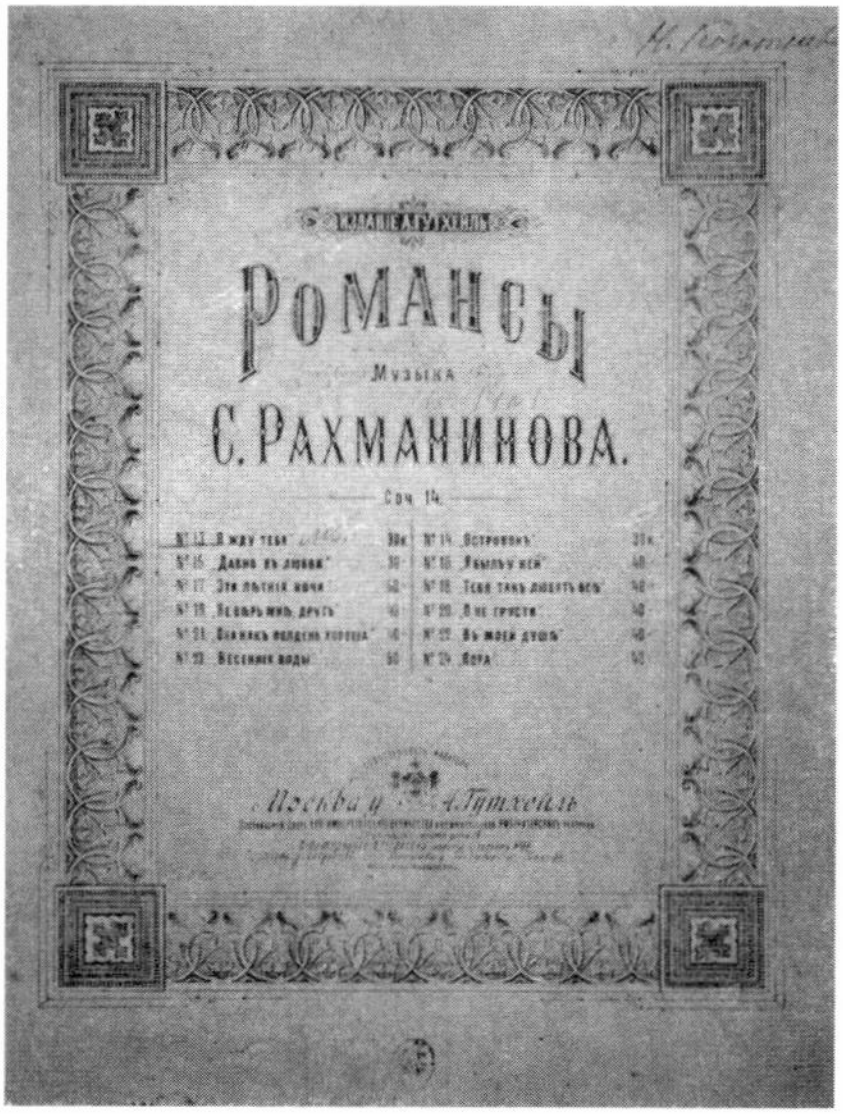

『十二の歌曲』作品14（1896年）

シェリーの詩による。原詩はシェリーの没後に妻のメアリーが出版した『遺作詩集』の中に収められた(13)。ラフマニノフがイギリスの詩人による詩を音楽化した唯一の作品で、ロシア語編はK・バリモント（第2章：合唱交響曲『鐘』（作品35）で詳しく触れる）による。イギリスの画家J・M・W・ターナーの絵画「ノラム城、日の出」が連想されるような作品である。

♫チェロは全体を通して1オクターヴ下の音域で演奏し、ヴォーカル・パート最後の小節のみ2オクターヴ下げる。そのまま後奏の2小節目1拍目までチェロの最低G音を伸ばし、その後のD、G、B音はピアノのバス記号譜を、3小節目最初の2分音符は和音の一番下のB音を1オクターヴ下で演奏する。その次の2分音符と最後の全音符に関しては、ピアノのみによる演奏が望ましい。

「昔から恋の中には…」（作品14－3）

「ひそかな夜のしじまの中で…」（作品4－3）に続くフェートの詩による歌曲。本作品の特筆すべき要素は歌とピアノの半音階による対位法であり、中期歌曲で著しい発展が見られる半音階手法が前面に表れている。

「きみは皆に愛される」（作品14－6）

A・トルストイの詩による。同歌曲集にもう一度登場する同詩人の詩による作品「友よ私の言葉を信じるな…」（作品14－7）ではピアノ・パートが（特に後奏の成り立ちによって）ヴォーカル・パートを圧倒してしまうのに対して、本歌曲の完全に独立した二つのパートによって構築されるポリフォニーは極めて室内楽的であり、器楽演奏に適している。

♫ チェロは後奏の最後の2小節でピアノに合流する（ピアノ・パート下段の2拍目最後のG音から演奏し、F♯→E♮→E♮のタイ→C♮→B♭のラインで曲の最後まで）。

「春の流れ」（作品14－11）

春の訪れを描くチュッチェフの詩による、歓喜に満ちた音の絵画。ロシアの雪溶けは春の訪れを告げる反面しばしば冠水を引き起こし、それは正教徒ロシア人にとって最も重要な移動祭日である復活祭と時期を同じくする(14)。筆者の演奏会での試みでは、独奏楽器と弦楽合奏による演奏も効果的であった。後述「噴水」（作品26－11）も参照。

♫チェロは最初１オクターヴ下の音域で演奏するが、９小節目４拍目の裏拍より表記の高さに戻す。再び16小節目より１オクターヴ下に移行した後、Meno mosso 最初の２小節は表記の高さで、３小節目以降は１オクターヴ下で演奏する。Andante の５小節目２拍目からは再び表記の高さに戻し、曲の最後の小節ではピアノと合わせて変ホ長調の和音を挿入する。

「夕暮」（作品21－３）

特に演奏会で取り上げられる機会の多い歌曲の数々を有する『十二の歌曲』（作品21）は、ラフマニノフの従妹にあたるナターリヤとの新婚旅行中に完成し、スイス・ルツェルン滞在中に仕上げられた(15)。「夕暮」はフランスの詩人、哲学者であったJ・M・ギュイヨーの詩による歌曲。美しく瞑想的なこの作品は、ラフマニノフ中期歌曲における詩的描写の音楽化と和声の代表的な例であると言えよう。

「女たちは答えた」（作品21－４）

フランス・ロマン主義文学の大家、ユゴーの詩による歌曲。未完に終わった歌劇『エスメラルダ』を除き、ラフマニノフ唯一の同詩人の詩による作品である。

「クロムウェル・序文」においてユゴーは、美と醜、善と悪、光と影などに見る**対立するものの同居**、すなわち「二元論」をロマン主義精神の一片として説いた(16)。

なお本作品で際立つラフマニノフのロマン的な音楽化は、詩集『光と影』(17)に収められたユゴーの原詩「ギター」よりも、L・メイによるそのロシア語訳から得られた霊感によるものであり、原詩への曲付けを行なったC・サン＝サーンスのそれとは内容が異なる。白眉は男たちの問いに対する女たちの返答―3回にわたって登場するMeno mossoにおける、巧妙な音形の差異によるラフマニノフの反応である。

「リラの花」(作品21-5)

朝靄が残る森の中、リラの白い花に〝たったひとつ〟の幸せを求めに行く…。名高い歌曲「リラの花」は、E・ベケートワの詩による**音楽的自然描写**である。ラフマニノフの演奏によるピアノ独奏版の録音は時に耽美主義的であり、時にはH・デュパルクの歌曲「恍惚」が歌う甘美な死の世界をも彷彿とさせる。

♫ チェロは最初表記の高さで演奏し、ヴォーカル・パートに初めてfの指示がある部分から最後までは1オクターヴ下げる。音作りの観点から跳躍は

D線上で行える箇所では極力移弦を避ける。ラフマニノフ中期歌曲における卓越したピアノ・パートを念頭に、筆者の編曲ではヴォーカル・パートが終わる次の小節の4拍目から先は、作曲者自身によるピアノ独奏版の後奏（最後の5小節）に置き換えている。

「ここはすばらしい…」（作品21-7）

おそらくラフマニノフの妻ナターリヤに献呈された（頭文字「N」のみ表記）、G・ガーリナの詩による歌曲。私と神のみが存在しているその場所は、画家J・マーティンによる絵画「天国の平原」を連想させ、三連符が支配する僅か22小節の中で永遠の静けさ、穢れなき夢が歌われる。初期歌曲「祈り」（作品8-6）で筆者の考えとして既に述べたラフマニノフの「三連符による聖三位一体」は、彼以前にJ・S・バッハ、ワグナーなどが暗喩として用いている。後述「私の窓辺に…」（作品26-10）も参照。

♫チェロは最初1オクターヴ下の音域で演奏し、8小節目からは表記の高さに戻す。その後ヴォーカル・パートが終わった後のピアノ独奏部では、2小節目最後の8分音符E音から最後までの一番上の旋律をチェロで、1オクターヴ下の音域で演奏すると効果的である。なお、J・ハイフェッツによるヴァイオリン版も存在するが、本書では参照していない。

「まひわの死によせて」（作品21－8）

プーシキン、ゴーゴリとも親交のあった詩人V・ジュコフスキーの詩に、ラフマニノフは高度な対位法を用いて反応している。ピアノ・パートは大部分を16分音符が占め、かつて飛び回っていた愛鳥を思い起こさせる旋回状の音形が与えられる。一方でヴォーカル・パートではそれよりも動きの遅い8分音符が曲のほとんどで歌われ、愛するものを失った心情を表しているかのようである。その後は徐々に音価が長くなり、友を喪失した苦しみに耐え切れず息絶えた愛鳥を歌う。

♫チェロは2回目に現れるTempo primoまで1オクターヴ下で演奏し、そこからヴォーカル・パートの最後までは表記の高さで演奏する。後奏では、4小節にわたって2～3拍目に配置された4分音符下降音形（C→E♭、A♭→D、G→C、F→B♮）を演奏し、un poco accelerandoの次の小節最後の分散和音、また次の小節冒頭ではハ短調分散和音を、それぞれピッツィカートで挿入する。最後のフェルマータC音は、チェロのC線の一番低いF音上のナチュラル・ハーモニクスで演奏すると効果的である。

「旋律」（作品21－9）

ロシアの抒情詩人S・ナードソンの詩による歌曲。後奏は『ピアノ協奏曲第２番』（作品18）を彷彿とさせ、あくまで歌曲の一部としての機能ながら、筆者はこの後奏を曲の精神性を確立する重要な素材として捉えている。

♫チェロは冒頭を始め、詩の段落によって意図的に1オクターヴ下げる箇所を作ると良い（〝そして夢を見ることができたなら〟の音節など）。本書では参照していないが、「ここはすばらしい…」（作品21－7）と同じくハイフェッツによるヴァイオリン版も存在する。後奏についてはピアノのみによる演奏が望ましい。

「聖像画の前に」（作品21－10）

聖像画とはイコンの意味で、東方正教会で崇拝される聖画像（そのほとんどは平面）

を指す。A・ルブリョフによるものが最も広く知られている。
ゴレニシチェフ＝クトゥーゾフの詩に詠われる絶望と苦しみに対してラフマニノフは直情的な音楽化をせず、作品を支配するビザンティン絵画的な霊感は主として、禁欲的な和声による響きとオルガンの音色の模倣によって表出される。

「なんという苦しさ…」（作品21－12）
ガーリナの詩による。苦悩と葛藤の抒情詩に向けるラフマニノフの反応は、両パート間における内なる情熱に満ちた、旋律の対位法に最も強く現れている。
♫後奏では、ffにおけるピアノ右手最低音の「G→A→B♭」を（オッターヴァではなく）表記の高さで、後続の同音形はその1オクターヴ下で、ピアノと共に演奏する。

「キリストは蘇り給いぬ…」（作品26－6）
メレシコフスキーの詩による作品。「キリストは蘇り給いぬ…」とは、ロシア正教徒にとって最大の祝日である復活祭のミサの中の言葉であり、曲はロシア正教会のズナメニ聖歌に基づく素材によって形作られている。本作品の前奏と後奏に現れるバス記号譜の三連符「C→B♮→C、D♭→C→B♮」と、後述『徹夜祷』(作品37)の第14曲「爾は墓より復活し」に現れる「F→E、F→G、F→E」には関連が見られる(後述：第4章『二つのサロン風小品』より「ヴァイオリンとピアノのためのロマンス」(作品6-1)参照)。

なおラフマニノフは、〝貧富の差も闘争もこの地上からなくなった時に初めて「キリストは蘇り給いぬ」と高らかに歌うことができるのだ(メレシコフスキー／伊東一郎訳)〟と詠われる原詩の後半部分を省いている(18)。

♫ 後奏の2分の3小節以降に登場するバス記号譜の三連符、並びに最後の小節の「D♭→C→B♮→C」はチェロで演奏すると良い。

「子供たちに」(作品26-7)

スラヴ派の詩人、思想家であったA・ホミャコーフの詩による。詩は母親の悲しみと祈りの回想を詠い、ラフマニノフの音楽は「キリストは蘇り給いぬ…」(作品26-6)との関連性を示唆しながらそれに対応する。ラフマニノフ自身の子供たちへの思いを想像させる作品である。

♫ チェロは冒頭からしばらくは1オクターヴ下の音域で演奏し、本作品で最も重要な場面、すなわちヘ長調から同主調であるヘ短調への転調を境に、表記の高さに戻す。

「私の窓辺に…」（作品26－10）

本作品におけるヴォーカル・パートと完全に独立したピアノ・パートによって構築されるポリフォニーは、象徴主義的な後期歌曲を予見させる。「ここはすばらしい…」（作品21－7）と同じくガーリナの詩によるが、両曲共にイ長調で書かれ、その世界観、後奏の音形において酷似している。

♫ 後奏でピアノの持つ複数の旋律のどれかをチェロが受け持つ場合は、曲のこれまでの自由なポリフォニーを充分に意識して演奏する。

「噴水」（作品26－11）

前述「春の流れ」（作品14－11）では雪解けと春の訪れを音の絵画として描いたが、

ここで再びチュッチェフによる水に関連した詩を取り上げている。筆者の解釈では、絵画的な要素において両曲は共通する一方で、より直接的に感性に訴えかける「春の流れ」に対して本作品は、〝光となって空にのぼり(中略)秘められたその高みに触れる〟噴水も、やがては〝地上に落ちるべき運命なのだ〟という、身近な題材の中に哲学的な思想を見出した**音の詩**である。

「夜は悲しい…」（作品26－12）

I・ブーニンの詩による作品。ピアノ・パートの持つ旋律は「前奏曲（ト長調）」（作品23－10）（後述：第4章）のそれと同じく弦楽器的な手法で書かれ、本作品も器楽演奏によって得られる効果は高い。

♫ 後奏の22～23小節に跨がるフレーズ（B→D→F♯→Bのタイ→A♯→B→F♯）は、直前のピアノに対応するようにチェロで演奏する。

1890年代初め

『十二の歌曲』作品14（1896年）発表の頃

アレーンスキイと1892年卒業の教え子たち。左から：G・E・コニュス、N・S・モロゾフ、アレーンスキイ、ラフマニノフ

1890年代後半　ラフマニノフとシャリャーピン

後期の歌曲と象徴主義

1886年、フランスの詩人J・モレアスが述べた象徴主義宣言によって詩におけるその概念が定義付けられたが、ラフマニノフは初期作品において既に象徴主義的な精神を宿した作品を生み出しているにも関わらず、主観的には同主義に対して否定的な姿勢であった[19]。しかし、言葉の終わりに音楽は始まるという極めてロシア象徴主義的な理念を内包した彼の後期歌曲は、象徴詩の始祖とされるアメリカの詩人E・A・ポーの言葉、「音楽によってこそ、魂が詩的感性に刺激されて希求するあの偉大な目的、つまり、天上の美の創造をほとんど達成できるのであろう」[20]と呼応する。結果として、ラフマニノフは何よりも**詩における音楽性**に重点を置いていた象徴詩の概念を音楽によって体現し、F・ソログープ、バリモントを始めとする同世代の象徴派詩人の作品に新たな世界を与えたのである。

フランスの耽美主義者W・ペイターが自著「ルネサンス 美術と詩の研究」の中で述べた、「すべての芸術は絶えず音楽の状態に憧れる」[21]という思想は象徴主義を表す言葉の一つとして様々な文献に引用されるが、これはラフマニノフの音楽が持つ本質をも明瞭に言語化している。

また、後述の二つの歌曲集(『十四の歌曲』(作品34)と『六つの歌曲』(作品38)はいずれも「Re（レ）」というペンネームでラフマニノフと文通をしていた女性詩人（かつラフマニノフの熱烈なファン）M・シャギニャンがラフマニノフのために選んだ詩によるもので、彼女はラフマニノフが歌曲の詞について助言を求めるほどの知識人であった(22)。

歌曲のみならず、ラフマニノフの後期作品は必要最低限の要素による構成を持つようになり、鋭利なリズムが時に旋律を遮断し、抒情性には影が差してゆく。

「嵐」（作品34－3）

プーシキンの詩による歌曲。「そよ風」（作品34－4）と共に演奏されることを想定しての選曲。筆者の解釈では、この作品が奏者に投げかける最大の要求は、曲の終盤で現れる〝だが信じてほしい―巌の上の乙女は　波よりも空よりも嵐よりもさらに美しかったことを〟に対する、ラフマニノフの音楽的反応への理解である。

♫ 後奏では最後の Tempo I からピアノ・パートの最高音を３小節目（４分の４小節）３拍目まで演奏し、同小節４拍目は３拍目Ｂ音の１オクターヴ下のＢ音を、最後の小節ではまたピアノ・パートの最高音を表記の高さ、もしくは１オクターヴ下で演奏する。

「そよ風」（作品34－4）

「嵐」（作品34－3）と対比を成す、バリモントの詩による作品。同時代のロシアの画家K・コローヴィンの絵画「風」を思わせ、その捉え所のない空気感の音楽化は印象主義的である。〝そよ風はうねりとなって走りすぎた〟と歌われる直後に現れるピアノの付点音形（G♯→A→G♯→A…）は、作品34の歌曲集の一つ前の作品集『絵画的練習曲（第1巻）』（作品33）の最終曲（嬰ハ短調グラーヴェ）に現れる雷の不穏な描写の音形（E♮→E♯→E♮→E♯…）と関連し、この歌曲の行末を予言する。

「ラザロの復活」（作品34－6）

ホミャコーフの詩による。ここでのラザロとは「ヨハネによる福音書」に登場するラザロのことで、キリストが蘇らせた人物（「ルカによる福音書」のラザロとは別人）である。既に触れたように、ムソルグスキー的な朗唱はラフマニノフの初期作品にも見られるが、後期作品における朗唱では更に高度な和声法によって力強い推進力が与えられ、より詩的喚起力に富む。カラヴァッジョやレンブラントなどによる同名の絵画を始め、多方面からのインスピレーションを得て臨みたい作品である。

♫ 後奏ではヴォーカル・パートが終わった次の小節のffから、バス記号譜の最高音を最後まで演奏する（最後から2小節目の装飾音も含む）。

「音楽」（作品34－8）

Y・ポロンスキーによる原詩はチャイコフスキーに献呈され、本歌曲は1893年に世を去った同作曲家の思い出に捧げられた。しかし曲は必ずしもチャイコフスキー風という訳ではなく、原詩で描かれる波は半音階によって体現される。後奏最後の和音の中のG♮音は、さながら彷徨える音の波に微かな光を照らすようである。

♫ 冒頭から1オクターヴ下の音域で演奏し、Molto cantabile からは表記の高さに戻す。

「その日を私は覚えている…」（作品34－10）

チュッチェフの詩による。深淵な精神の中に瑞々しさを湛え、両パートの完全なる対等性に筆者はドイツ・リート技法に通ずる手法を見る。後奏はなく、最後はピアノの変イ長調和音の響きの中で、ラフマニノフ歌曲では珍しくヴォーカル・パートが曲を締め括る。

「小作農奴」（聖なる旗を腕に掲げて／誠実なしもべ）（作品34‐11）

後期歌曲群で最初に登場するフェートの詩による歌曲。詩を純粋な芸術として詠ったフェート(23)の社会的文学に対する断固とした抵抗—芸術至上主義への忠誠の宣言として、この詩が書かれた。歌曲の8分音符と16分音符の連続による鳴り止むことのない音形は、ラフマニノフが標榜した芸術思想と自身の姿をフェートに重ね、その揺るぎのない決意を重々しく表現している。同時にそれは、過去に自身の歌曲「運命」（作品21‐1）を理不尽に批判したL・トルストイ（119〜120頁参照）への、10余年越しの答えでもあった(24)。

英語圏では「聖なる旗を腕に掲げて」（原題：With Holy Banner Firmly Held）という題で呼ばれることもあるが、R・シルヴェスターによる英訳は「誠実なしもべ」（原題：The True Servant—和訳は筆者による）となっており、後者はフェートの思想に深く同調したラフマニノフと作品の真意を捉えた適切なものである。

♫ 冒頭からの9小節は、ピアノ・パートの最高音をチェロで演奏する。後奏についてはピアノのみによる演奏が望ましい。

「なんというしあわせ…」（作品34－12）

後期の歌曲作品においても、彼の若々しい情熱の炎は衰えていない。フェートの詩による本作品は、これまで彼が音楽化した同詩人による初期から中期の歌曲を思い起こさせる一方で、七和音の使い方など和声的な語法についてはその頃と全く異なっている。ラフマニノフ歌曲の特徴の一つである魅力的なピアノ・パート、そしてその編曲の余地のない素晴らしい後奏を存分に楽しめる作品として選曲した。

「ヴォカリーズ」（作品34－14）

音楽による精神の具現化と、言葉を意味から解放しようとした象徴主義思想の融合による、言葉のない歌曲。ラフマニノフと同時代のロシア象徴派詩人たちにとってその理念上、音楽は重要な、かつ理想的な芸術形態であった。作品34の歌曲集は１９１２年の作曲段階では13曲で構成されていたが、本作品が後の１９１５年に付け加えられて『十四の歌曲』となった。ディエス・イレ的な動機による旋律「**E**↓**D♯**↓**E**↓**C♯**↓**D♯**↓E↓D♯↓C♯↓D♯↓**B**↓**C♯**↓D♯」、また高度な対位法と和声は、合唱交響曲『鐘』（作品35）（後述：第2章）の最終楽章を予見させ（共に嬰ハ短調）、音楽性と象徴性の一体化によってラフマニノフ作品の独自性を明示している。器楽演奏に最も適した芸術歌曲の一つである。

♫チェロとピアノでの演奏、また管弦楽との共演を行う際についても、その和声による語法を最優先に捉え、ホ短調ではなく原調である嬰ハ短調での演奏をお薦めしたい。管弦楽版については、ラフマニノフ自身によるソプラノ独唱と管弦楽のための編曲版（原調）を参照のこと。

ラフマニノフが住んでいた家にはめられているプレート（モスクワ、ストラスノイ・ブリヴァール5番地）
撮影：平野恵美子

最後の歌曲集

『六つの歌曲』（作品38）は、後述『二つの聖なる歌』を除いてラフマニノフ最後となる作品番号付きの歌曲集である。第3曲「ひなぎく」を除く全ての歌曲がロシア象徴主義詩人の詩によるもので（前述「Re（レ）」の助言に基づく）、これまでの歌曲集と比べて旋律そのものの重要性は薄く、『徹夜祷』（作品37）（後述：第2章）の中のいくつかの作品にあるような、拍子記号のない自由なリズムの変化も多く見られる。和声は半音階的な要素を保ちつつも新しい色彩を持ち、巧妙なポリフォニーは極めて繊細に構築されている。

本歌曲集の最も大きな特徴とも言える歌曲の言葉からの解放、言い換えれば言葉の意味ではなく響きに重点を置いた詩の音楽化と、同じ言葉の反復を異なる音形で表現した音の規則からの解放によって、ラフマニノフの象徴主義は一つの完成を見たと言えよう。

「夜ふけに私の庭で」（作品38-1）

原詩はアルメニアの詩人A・イサアキャーンのもので、歌曲はそれをロシア象徴派詩人A・ブロークが訳したものによる。14小節2拍目に現れるB♭／A♭9和音（A♭音を基音とした属十三和音の第十一音上方変異）は、〝せつなく泣いている柳〟―

すなわちここで涙する女性の、不安定で激しい感情を象徴的に表し、次の小節ではピアノの半音階の上に隠されたディエス・イレ的音形が見られる。

「彼女に」（作品38－2）

A・ベールイの詩による歌曲。出だしのピアノによる五つの音「F↓E♭↓G♭↓F↓C」は、自由な拍子を通して曲全体を形成する重要な動機であるが、ここで「ヴァイオリンとピアノのためのハンガリー舞曲」（作品6－2）（後述：第4章）の冒頭5音「D↓C↓E♭↓D↓A」との対比をしてみて欲しい。

…するとどうだろうか、どちらとも全く同じ音形なのである。

既に触れたように、「いや、お願いだ、行かないで！」（作品4－1）はロマの血を引く人妻ロドゥイジェンスカヤに捧げられているが、それより少し後に書かれた「ハンガリー舞曲」で顕著なロマ音楽の引用と彼女の関わりは薄いはずがない。

〝いとしい女《ひと》よ、きみはどこ？〟と何度も詠う詩は、ベールイが傾倒したV・ソロヴィヨフの思想である〝自分と世界の救世主である理想の女性〟──象徴主義的理念の偶像とも言える〝**永遠の女性**〟(25)を題材としているが、ラフマニノフ自身は作品の献呈者であるN・コーシツを意識していたかも知れない。これまでにも音に様々な暗示を込めてきたラフマニノフであるがゆえに、この5音の音形はラフマニノフにとっての秘密事[26]の動機なのかと疑いたくなるが、若き日に彼がロドゥイジェンスカヤに対して寄せた想いの真相も含め[27]、真実は明らかになっていない。

また後奏の冒頭3音「C→F→F」は、後続「ひなぎく」の主題に現れる「C→F→F」を暗示をしているものと思われる。

♫後奏のMeno mosso以降の旋律はチェロで演奏する（1オクターヴ下の音域で弾き始め、旋律がバス記号譜に移る箇所からは表記の高さで）。なお、後奏と後続の作品の関連から、「彼女に」と「ひなぎく」が続けて演奏される場合は、両曲の間隔を空け過ぎないように留意されたい。

「ひなぎく」（作品38－3）

原詩はI・セヴェリャーニンのもの。歌曲集の中で唯一、象徴派に属さない詩人による詩を用いている。韻を踏んだリズムを多用した詩はラフマニノフにとって、歌曲の言葉からの解放という理念においてこの上なく優れた素材であった。

前述「彼女に」の後奏で仄めかされる「C→F→F」は最初ピアノに提示され（第

3、第7小節）、主題が回帰する際には歌によって象徴的に再現される（第24小節）。

また、詩の高度な音楽化による自然描写である「ひなぎく」は、前述「リラの花」（作品21‐5）と同様に作曲家自身による絵画的な響きを内包したピアノ独奏版が存在し、その録音をラフマニノフのピアノで聴くことができる。F・クライスラーやハイフェッツによるヴァイオリン版の編曲譜も出版されており、前者はオリジナル版を基に、後者はピアノ独奏版を基に編曲されている。

♫ 筆者は演奏効果上、「リラの花」と同じくチェロはオリジナル版のヴォーカル・パートを（本作品では全体を通して1オクターヴ下の音域で）演奏し、ピアノ・パートにはラフマニノフのピアノ独奏版を基にした編曲を加えている。原曲を基に演奏する場合は、後奏でチェロも加わる形（2分音符A音トリル以降、最後の2小節を除く）が望ましい。

「ねずみ取り」（作品38‐4）

中世ドイツの伝承「ハーメルンの笛吹き男」を題材にしたV・ブリューソフの詩による歌曲。ラフマニノフは終始戯けた音楽と目紛しいテンポ変化によって反応している。全てのスタンザ（四行で構成される詩節）に挿入された計8回に及ぶ擬音語「トラリャリャリャリャ」が毎回違う音形で登場し、ここでは音の規則からの解放による**音楽的象徴性**が顕著である。

「夢」（作品38－5）

ソログープの詩による。筆者は本作品に「ヴォカリーズ」（作品34－14）の続きを見出し、その余韻は後に生まれる『パガニーニの主題による狂詩曲』（作品43）の名高い第18変奏を予見させる。それがあたかも正当に感じられるのは、作品が持つ音楽的、文学的霊感のもたらす夢という現実、そして現実という夢が、幻想の中の現実に聴き手を誘うからに他ならない。また、最後から2小節目のピアノ・パートに見られる音域の異なる「F→D♭」の連続には、続く歌曲「呼び声」の〝やまびこ〟が暗示されている可能性も指摘しておきたい。

♫チェロは Meno mosso まで主にD線を使用し、全体を通して1オクターヴ下の音域で演奏する。後奏最後の6小節では、バス記号譜の主旋律を表記の高さで calando 冒頭の F♮音まで弾き（F♮音のみ1オクターヴ下）、後続の（〝やまびこ〟が暗示されている可能性がある）8分音符A♮→A♭、直後の同音A♮→A♭を1オクターヴ下で付け加える。最終音においては、変ニ長調分散和音をピアノに重ねるようにピッツィカートで挿入する。

「呼び声」（作品38－6）

バリモントの詩を扱った最後の歌曲。女性を探し求めて叫ぶ〝私〟に返って来るのは、〝やまびこ〟だけである。本章で既に述べたように、ラフマニノフ作品における半減七和音は特別な存在であり、これまでの作品の数々でもその和声は常に重要な意味と役割とを持ってきたが、驚くべきことに本歌曲はその半減七和音を以て幕を閉じる。ここで使われるその和声がこれまでとは違う全く別の意図を持っていることは明らかで、事実上の次の作品である遺作『二つの聖なる歌』の内容を暗示すると同時に、ラフマニノフはこの詩に抽象的な理想女性の偶像〝永遠の女性〟（「彼女に」（作品38－2）参照）を見出していたと筆者は考える。

曲集中、ラフマニノフは彼の最初の伝記を出版した人物であるO・v・リーゼマンには本歌曲を気に入っていると述べたとされるが(28)、シャギニャンに対しては「ひなぎく」と「ねずみ取り」を最高の作品だと述べ、ラフマニノフとの共演で「ヴォカリーズ」（作品34-14）の初演を行ったソプラノ歌手A・ネジダーノヴァに対しては、「夜ふけに私の庭で」を特に好んでいたと話した(29)。

♫曲のほとんどを1オクターヴ下の音域で演奏し、ヴォーカル・パートの最後2小節で表記の高さに戻す（2回目の〝おーい！〟）。後奏では、Meno mosso が始まる小節の2拍目からの旋律を（3拍目以降は1オクターヴ下の音域で、その後4小節目の1拍目裏拍からは表記の高さに戻して）演奏する。最後の3小節のうち、最初の2小節は低音D♭＋A♭の重音を、最終小節では三つのF音を演奏し、ピアノと共に最後の半減七和音を構成する。

遺作／その他

遺作『二つの聖なる歌』はラフマニノフ最後の歌曲集『六つの歌曲』（作品38）と同時期に書かれ、同じくコーシツに献呈された。元々二つの歌曲集は同じ草稿ノートに含まれていたが、ラフマニノフ、並びにコーシツは生前『二つの聖なる歌』の楽譜を出版することはなく、両者の没後1973年になるまで本作品は隠された存在であった。宗教的題材、またその和声法には、ラフマニノフの盟友で1915年に世を去ったスクリャービンの影響が見られる（次項「祈り」参照）。

『二つの聖なる歌』より「祈り」

K・ロマノフ（大公）の詩による歌曲。曲の大半が「D→E♭→F→F♯→A♭→A→B→C」の旋法を構成する音で成り立ち、七和音の連結とそれによる不安定な調性が神秘的な響きを創造する。祈りは終始安定することなく、短三度下降による並行和音によって曲を閉じる。

『二つの聖なる歌』より「神の栄光」

「夢」（作品38 - 5）と同じく象徴派詩人ソログープの詩による、ラフマニノフ最後の宗教的歌曲。ホ長調表記があるもののその調性は絶対の意味を持たず、半音階の連続が爆発的な精神エネルギーを放出する。彼が1918年1月5日にロシアを去るまでのロシア時代最後期の作品であるが、その和声的先進性は若き日の『交響曲第1番』（作品13）（コラム『交響曲第1番』参照）を彷彿とさせ、ラフマニノフの音楽が持つ多様性を真に体現している。

♫ 最後はホ長調のピッツィカートを加えてピアノと共に幕を閉じる。

「白粉と頬紅」（１９２５年）

不倫を見抜かれぬよう急いで化粧を落とす若き妻と、鞭を手に家路に就く嫉妬深い夫の話。民謡の編曲「白粉（おしろい）と頬紅」は、１９２７年に初演された『管弦楽と合唱のための三つのロシアの歌』第3曲の基となった歌曲で、ラフマニノフがロシアを永久に去った後に書かれた唯一にして最後の歌曲である。またラフマニノフのピアノ伴奏で録音が遺されているただ一つの歌曲でもあり（ピアノ独奏編曲を除く）、録音は１９２６年2月22日、民謡歌手Ｎ・プレヴィツカヤ（メゾ・ソプラノ）との共演による。

そのロシア的な響きとロマの香り、背徳的な艶めかしさの表現のために、グリッサンドの使用は鍵となり、ヴォーカル・パートの楽譜上では休符においても即興演奏が許される。演奏速度に関してはラフマニノフの歌曲版録音が素晴らしい手本を見せてくれているように、合唱版の録音でよく耳にする焦ったものよりも、速すぎないテンポが望ましい。

コラム『交響曲第1番』

『交響曲第1番』（作品13）は、ラフマニノフが初めて本格的にロシア正教会音楽とロマ音楽の融合を試みた意欲作である。その真価が当時の批評家、聴衆には理解されず初演が大失敗に終わった〝事件〟は、ラフマニノフに纏わる最も有名な逸話の一つであろう。

その裏には複数の理由があるとされ、これまでも多くの学者によって議論されてきたが、誰もが認めるはっきりとした理由は未だに明らかではない。最も信憑性があるものとして、初演で指揮をした作曲家A・グラズノフの指揮があまりに酷かった事実はラフマニノフ本人が挙げているが、そもそも初演に向けたリハーサルでさえ全く機能していなかった実態も大きな要因の一つであるのは間違いない[30]。またモスクワ楽派であったラフマニノフの音楽が、国民楽派を主流とするペテルブルクの聴衆に受け入れられなかったことも理由の一つであると考えられ、同楽派の作曲家C・キュイによって紙面上で酷評されたのであるが、今我々が実際に曲を聴けば、誰もがキュイの「音楽の壊れたリズム（中略）、感傷的なつむじ曲がりの和声（中略）、擬似的旋律ライン（中略）、テーマの欠落」[31]という悪意に満ちた批評を疑問に思うだろう。いずれにしても、若きラフマニノフにとって耐えがたい経験であったことは容易に想像がつく。彼は一刻も早くペテルブルクを去ろうとし、オーケストラのパート譜の回収もせず、その後亡くなるまでの間に一度たりとも再演は実現しなかった。

ラフマニノフの没後、奇跡的に別人によって回収されていたパート譜が発見されたことで、作曲家自身によるピアノ連弾版と照らし合わされ、スコアが復元された(32)。ロマ音楽の特徴である**増二度**に基づいた主題と**循環形式**、**ズナメニ聖歌**の段階的旋律の応用など、交響曲の歴史から見ても極めて独創的な内容を持つ作品は時代の先を行き、それによって当時は誤解される運命を辿ったが、復元によって後年の我々がその名曲を耳にできるのは幸いである。

因みに、初演に居合わせた聴衆の数人によるグラズノフが酔っ払っていたという主張(33)はこれまで尾鰭を付けて噂されてきた最も悪名高いもので、この公演の直前、グラズノフはフィンランドで作曲家J・シベリウスと酒を共にし、その時飲み過ぎたアルコールが抜け切らないまま本番を迎えてしまったなどという話まで広まっている。この酩酊説については、ラフマニノフ本人が言及した記録は何も見つかっていない。

（『交響曲第1番』初演後の出来事については、119～120頁も参照のこと）

P.チャイコフスキー（1840-1893）
1893年に撮影された最後のポートレート

チャイコフスキーの葬儀（ペテルブルク）

1897年

1897年夏　スカロン家領地イグナートヴォの別荘でスカロン兄妹たちと

1890年代後半　シャリャーピンと

1899年　クラースニェンコエ近くのホペル川畔で愛犬レフコと

註

（1）ハリソン、14
（2）ハリソン、14
（3）『想い出』、17
（4）ハリソン、333
（5）『想い出』、131
（6）Martyn, 46
（7）ペレサダ、95
（8）伊東、28
（9）ハイネ、48〜49
（10）ハイネ、141
（11）ゲーテ、1951、43
（12）ゲーテ、1937、205〜294
（13）Shelley, 213
（14）平野、173
（15）Sylvester, 122
（16）ユゴー：10、14
（17）ユゴー：1、361〜362
（18）伊東、136
（19）伊東、13
（20）黒木、57
（21）ペイター、141
（22）『想い出』（シャギニャン「ラフマニノフの想い出」）224〜225
（23）クロポトキン：下（「芸術のための芸術」派）、76
（24）Sylvester, 211
（25）鴻野、6〜7
（26）Martyn, 265／ハリソン、194
（27）Bertensson/Leyda, 65
（28）Rieseman, 241
（29）Martyn, 267
（30）ハリソン、77
（31）ハリソン、81〜82
（32）ハリソン、83
（33）ハリソン、77

第2章　合唱曲

ラフマニノフ芸術の〝頂点〟

ラフマニノフ歌曲の多くがそうであるように、彼の生み出す高貴かつ人間的な音楽は、詩的・絵画的な着想を得て創作されていないものでさえも、常に詩的な繊細さと絵画的な多彩さを併せ持ち、豊かなインスピレーションに満ちている。また特に後期作品に多く見られる禁欲的な響きを有した音楽は、宗教合唱曲『聖金口イオアン聖体礼儀』（作品31）、そしてラフマニノフ自身が最も優れた作品として位置付けた二つの作品―合唱交響曲『鐘』（作品35）と宗教合唱曲『徹夜祷』（作品37）[1]の完成によって確立される精神性の具現化であり、これまでに述べた彼の音楽が内包する象徴性と明らかな共存関係にある。いずれの要素もラフマニノフの音楽像を真に映し出す最も重要な作品群に共通して挙げられ、本章で焦点を当てる左記三つの作品はその最たる例である。

♫ 器楽演奏のための編曲手引き

器楽で演奏する編曲箇所については、該当音をピアノで重ねるか割愛するかの判断は演奏者に委ねるものとする。なお、全てはチェロ奏者用の編曲提案を基準として表記するが、チェロ奏者以外の器楽奏者におかれては、適宜編曲ポイントをその楽器のために応用されたい。

合唱交響曲『鐘』（作品35）

ラフマニノフが自身の最高傑作と位置付けていた合唱交響曲『鐘』(2)が純粋な交響曲ではなく、交響詩としての形を持つ大きなきっかけとなったのは、ローマ滞在中に受け取った一通の匿名の手紙である(3)。手紙にはポーの詩「鐘のさまざま（原題：The Bells）」（１８４８年）のバリモントによるロシア語編が同封され、その「誕生、結婚、苦難、葬送」という人生の四つの大きな時間軸を「銀のそりの鐘、金の婚礼の鐘、銅の警告の鐘、鉄の弔いの鐘」になぞらえた詩は、彼の次の作品にとって最良のインスピレーションになり得ると示唆されていた。ラフマニノフはこれに深く共鳴し、取り憑かれたようにローマのかつてチャイコフスキーも滞在した場所で曲の大部分を書き上げ（最終楽章が葬式であるのもチャイコフスキーの交響曲第６番「悲愴」と同様である）、作品はイワノフカ（後述：第４章）で完成された(4)。

「鐘のさまざま」による影響は音楽のみならず画家のO・ルドンやE・デュラックによる作品も遺されているが、ラフマニノフの「鐘」においてまず注目したいのは、ポーの原詩とラフマニノフが霊感を受けたバリモントによるロシア語編が全くの別物であるという事実である。ポーは同じ言葉を繰り返し使うことでそこにリズムを作り上げ、詩の音楽的効果を最大限に広げたが[5]、バリモント編では言葉の反復は見られない。また、第三者的な客観性を持ったポーの詩で表現される運命の非情さと比べ、バリモント独自の主観が入り大きく改変されたロシア語編では抒情性が増し、例えば原詩で極めて効果的である擬声（オノマトペ）や、〝鐘の音（Bells）〟の連呼—すなわち、**言葉の持つ音の響きに重点を置いて詩を創作**する象徴主義の手法は、よりロマン主義的な要素を持った音楽性と抑揚に富んだ表現に置き換わっている。詩の終わり方についても、原詩（に忠実な和訳）は〝鐘が鳴る、鐘が鳴る、鐘が鳴る—おお、鐘の音、鐘の音、鐘の音 嘆きと呻きの鐘の音。（ポー／加島祥造訳）〟[6]と同じ言葉を反復するのに対し、バリモント編では〝これら鉄の鐘は感覚を持たず、虚空を通して破滅を反復する。そこには休息も休止もない、墓場の静けさを除けば！（バリモント／森松皓子訳）〟[7]と詠われ、ラフマニノフの書いた音楽の中でも最も美しいものと言っても過言ではない管弦楽による終結部は、バリモント編からこそ生まれたものであると言えよう。

独唱、合唱、管弦楽の複雑な絡み合いによって構築される緻密かつ壮大なポリフォニーは、マーラーの交響曲第２番「復活」のそれと比肩し、旋律はそれまでの歌曲作品と比べても更に和声的要素が増していて、ラフマニノフ語法である半音階手法は一層の極まりを見せる。同時に全楽章を通じてディエス・イレ的な音形が多く登場し、『交響曲第1番』（作品13）以降何度も試みてきた手法がここにも現れている。

合唱交響曲『鐘』（作品35）より『チェロ協奏曲』

ラフマニノフはチェロのために協奏曲を書いていない。後述の『チェロとピアノのためのソナタ』（作品19）の協奏曲版なるものも試されているようだが、良い結果を得ているとは言い難く、ピアノ協奏曲はどれもがピアノ以外の楽器を独奏に使うことは難しいため、編曲に向いていない。しかし、『鐘』の持つ要素の多くはチェロでの演奏に適しており、和声化された旋律と、そのラフマニノフ的半音階によるポリフォニーをチェロと管弦楽のための編曲で再現できるのであれば、『鐘』のチェロ協奏曲編曲を試す価値は大いにあるのではないかと筆者は考えた。

結果として生まれたのが、筆者の委嘱による「ラフマニノフ：チェロ協奏曲『鐘』」（E・ハーツェル編）である（イギリスの作曲家ハーツェルは筆者がこれまでにも多くの作品を委嘱してきた人物)。編曲においては、独唱パート以外にも最終楽章のコーラングレ・パートを始めチェロで演奏することによって大きな効果が得られる旋律に加え、独唱の存在しない第3楽章では弦楽器パートの中に更に別のパートを作り、独奏的要素を持たせたカルテットと独奏チェロで合唱部が再現されている。全てを器楽化し、音量バランスも含めて前述の要素を損なわずに管弦楽を最小化したこの編曲が、世界的に見てもロシア語の壁によって妨げられている『鐘』の更なる普及に貢献することを願いたい。

余談だが、ラフマニノフへの匿名の手紙を出したのがM・ブキニック(チェロのための素晴らしい練習曲を遺したチェロ奏者)の弟子であったM・ダニロヴァというチェロ奏者だったという事実(ラフマニノフの没後に判明)も、ラフマニノフとチェロのただならぬ縁を感じさせる(8)。

合唱交響曲『鐘』(作品35)より「弔いの鉄の鐘〝永遠の眠りがもたらす心の平安〟」

器楽(室内楽)演奏のために『鐘』からの引用で筆者が提案するのは、「弔いの鉄の鐘〝永遠の眠りがもたらす心の平安〟」(タイトルは筆者による)である。これは『鐘』の終結部(練習番号121以降)をチェロとピアノ(またはハープ)のために編曲したも

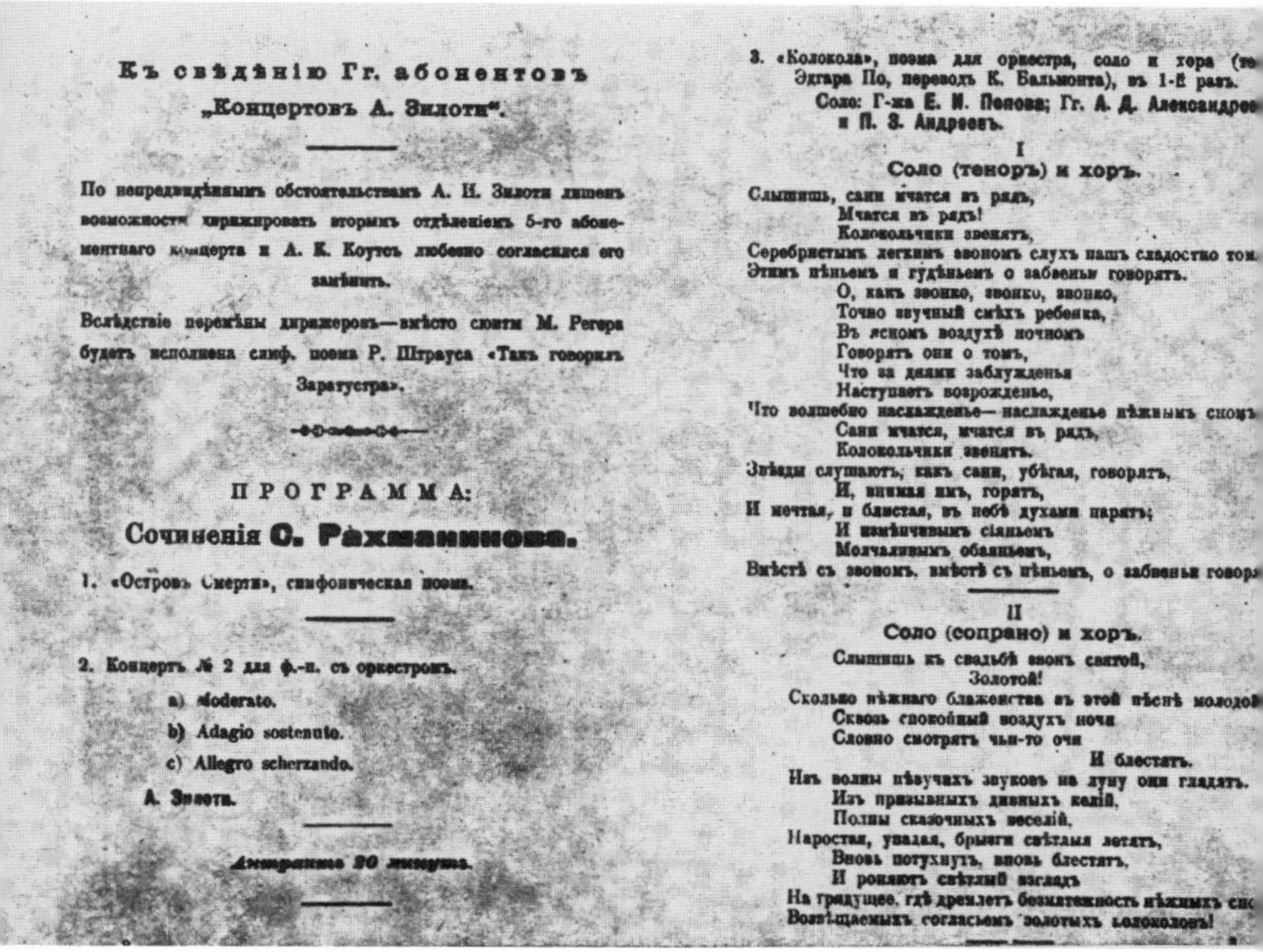

Къ свѣдѣнію Гг. абонентовъ
„Концертовъ А. Зилоти“.

По непредвидѣннымъ обстоятельствамъ А. И. Зилоти лишенъ возможности дирижировать вторымъ отдѣленіемъ 5-го абонементнаго концерта и А. К. Коутсъ любезно согласился его замѣнить.

Вслѣдствіе перемѣны дирижеровъ—вмѣсто сюиты М. Регера будетъ исполнена симф. поэма Р. Штрауса «Такъ говорилъ Заратустра».

ПРОГРАММА:

Сочиненія С. Рахманинова.

1. «Островъ Смерти», симфоническая поэма.

2. Концертъ № 2 для ф.-п. съ оркестромъ.
a) Moderato.
b) Adagio sostenuto.
c) Allegro scherzando.

А. Зилоти.

Антрактъ 20 минутъ.

3. «Колокола», поэма для оркестра, соло и хора (те… Эдгара По, переводъ К. Бальмонта), въ 1-й разъ.
Соло: Г-жа Е. И. Попова; Гг. А. Д. Александрове… и П. З. Андреевъ.

I
Соло (теноръ) и хоръ.

Слышишь, сани мчатся въ рядъ,
Мчатся въ рядъ!
Колокольчики звенятъ,
Серебристымъ легкимъ звономъ слухъ нашъ сладостно том…
Этимъ пѣньемъ и гудѣньемъ о забвеньи говорятъ.
О, какъ звонко, звонко, звонко,
Точно звучный смѣхъ ребенка,
Въ ясномъ воздухѣ ночномъ
Говорятъ они о томъ,
Что за днями заблужденья
Наступаетъ возрожденье,
Что волшебно наслажденье—наслажденье нѣжнымъ сномъ…
Сани мчатся, мчатся въ рядъ,
Колокольчики звенятъ.
Звѣзды слушаютъ, какъ сани, убѣгая, говорятъ,
И, внимая имъ, горятъ,
И мечтая, и блистая, въ небѣ духами парятъ;
И измѣнчивымъ сіяньемъ
Молчаливымъ обаяньемъ,
Вмѣстѣ съ звономъ, вмѣстѣ съ пѣньемъ, о забвеньи говор…

II
Соло (сопрано) и хоръ.

Слышишь къ свадьбѣ звонъ святой,
Золотой!
Сколько нѣжнаго блаженства въ этой пѣснѣ молодой…
Сквозь спокойный воздухъ ночи
Словно смотрятъ чьи-то очи
И блестятъ.
Изъ волны пѣвучихъ звуковъ на луну они глядятъ.
Изъ призывныхъ дивныхъ келій,
Полны сказочныхъ веселій,
Нарастая, упадая, брызги свѣтлыя летятъ,
Вновь потухнутъ, вновь блестятъ,
И роняютъ свѣтлый взглядъ
На грядущее, гдѣ дремлетъ безмятежность нѣжныхъ сн…
Возвѣщаемыхъ согласьемъ золотыхъ колоколовъ!

1913年11月30日ペテルブルクで初演された『鐘』のプログラム

ので、魂の浄化と永遠の平安の訪れを歌う。原曲の終結部におけるハープによる上昇音形が創造する天上世界は、G・フォーレの『レクイエム』終曲の「楽園にて」と似ているが、『鐘』は送り出された魂を、『レクイエム』は（ハープ・パートに下降音形が混ざることによって）送り出す魂を歌うかのようである。

二つの無伴奏宗教合唱曲

ラフマニノフの宗教に対する姿勢に関するこれまでの研究の大半では、彼は作曲において宗教儀式を最も重要な素材としては扱わず、信仰心もそれほど深いものではなかったとされてきた。しかしそのような人物が正教会の鐘の音に深い感銘を受け、祖母と通った修道院や聖堂で慣れ親しんだ聖歌を生涯の音楽的ルーツとし、高度な精神性を内包した二つの宗教作品『聖金口イオアン聖体礼儀』(作品31)、『徹夜祷』(作品37)を生み出すとは考えにくい。そもそもラフマニノフが重用した〝声〟とはロシア正教会において神への祈りを届ける最も重要な手段であり、最後の作品『交響的舞曲』(作品45)最終楽章に見られる彼自身による「アレルヤ」(神を讃えよ)の書き込みを始め、『聖金口イオアン聖体礼儀』、『パガニーニの主題による狂詩曲』(作品43)、『交響曲第3番』(作品44)の手書き原稿にも神への感謝が記されている事実は、決して無視してよいものではない。

これらのことからも、生涯にわたり〝声〟を最も大事に扱ったラフマニノフと宗教の関係について我々は常に慎重な目線を向け、安易な言葉による結論付けは避けるべきである。

『聖金口イオアン聖体礼儀』(作品31)

聖体礼儀とは、パンと葡萄酒をキリストの体と血として食する正教会の最も重要な奉神礼（カトリック教会における典礼）である。感謝の祭儀である聖体礼儀には聖金口イオアン聖体礼儀、聖大ワシーリイ聖体礼儀の二つがあり、普段は前者が行われる場面が多いが、いずれも奉献礼儀（パンと葡萄酒の準備）、啓蒙礼儀（聖書朗読）、聖体礼儀（領聖―カトリック教会における聖体拝領）の三部から成る(9)。

長い間『聖金口イオアン聖体礼儀』への作曲を念頭に置いていたラフマニノフは、実際に作曲を始めるとそれを速やかに完成させ(10)、その作曲に対する大きな喜びは、M・メーテルリンクの戯曲による未完の歌劇『モンナ・ヴァンナ』に向き合った時以来だと述べた(11)。作品は全20曲から成るが、祭儀の式次第全てに作曲がされた訳ではなく、後の『徹夜祷』（作品37）の根幹となる「賛美歌の様式に基づいた主題の創作」の重要な前例として、ラフマニノフは伝統的な聖歌の様式で独自の音楽を創造した。またその手稿には彼自身による**神への讃美**が書き込まれ、これ以前の作品には目立って見られなかった心情を示している。

「主や爾を崇め歌い」（エピクレーシス）

第12曲：ラフマニノフは『聖金口イオアン聖体礼儀』全体を奉神礼の音楽として実際に使用できる形で作曲したが、その高度な芸術性によって祈り（聖句）への意識が奪

ラフマニノフは、1902年に従妹のナターリヤ・サーチナと結婚。新婚旅行から帰った晩夏から初秋にかけて2人はサーチン家の領地イワノフカで過ごした。(上) はその時にナターリヤの兄妹と撮影したもの。(右)はサーチン家の離れ、(下) はイワノフカへの入口

新居の書斎で（モスクワ、ヴァズドヴィージェンカ通り）

F.I.シャリャーピン（1873-1938）
ラフマニノフの友にしてロシアの偉大なるバス歌手

A.A.ブランドゥコフ（1859-1930）チェロ奏者
『チェロとピアノのためのソナタ』はこの友のために捧げられた

われるとして、当時の聖職者にはこの作品は受け入れられなかった(12)。20曲全てが独創的であるが、「エピクレーシス」はその中でも単独での演奏が効果的であり、最も器楽演奏に適している。

♫ チェロは冒頭からソロ・ソプラノが現れる1小節前の3拍目までソプラノ・パートを演奏し、その後最後までソロ・ソプラノを演奏する。

『徹夜祷』(作品37)

ラフマニノフにとって『鐘』と並ぶもう一つの代表作であった宗教合唱曲『徹夜祷』(13)は、1915年の年頭に2週間も経たないうちに完成された(14)(その少し前の1914年の夏には、シェイクスピアの悲劇「リア王」を基にした歌劇に着手したようだが(15)、この特に充実した作曲期間においてそれが形とならなかったのは残念である)。徹夜祷とはロシア正教会の典礼音楽であるが、ラフマニノフはその聖句については一部を利用したのみで、多くの楽章で自身が「儀式の意識的な模造品」(16)と呼んだ独自の音楽を作曲した。すなわちそれは、**聖歌**(**賛美歌**)**の様式における独創性を持った主題の創造と聖句から得た霊感の音楽化**、そして幼い頃から大きな影響を受け続けた聖歌と作曲家のアイデンティティの完璧なまでの一体化であり、伝統的な教会音楽というよりは、『聖金口イオアン聖体礼儀』（作品31）と同じくラフマニノフ音楽が創造した芸術歌曲であると言える。

ここではその朗唱的な旋法旋律、倍音豊かな合唱による和声感を器楽演奏で再現しやすい楽章として、全15曲の中から以下6曲を選んだ。

「主や今爾の言葉に従い」（聖シメオンの賛歌）

第5曲：キエフ聖歌の賛美歌に基づく。ラフマニノフが自身の葬儀で歌ってほしいと言っていたほど思い入れの強かった作品で(17)、彼自身の編曲によるピアノ独奏版も存在する。

♫チェロはソロ・テノールを演奏し、中間部のソロの休みではバス・パートを受け持つ。

「生神童貞女や慶べよ」（アヴェ・マリア）

第6曲：聖母マリアを賛えたラフマニノフのオリジナル音楽。中間部でのアルトの旋律に対するソプラノとテノールのポリフォニックな掛け合いが見事である。

♫ チェロは基本的にソプラノ・パートを演奏するが、掛け合いでテノール・パートを演奏するのも良い。

「至高きには光栄」（グロリア）

第7曲：冒頭のテノール、またその後加わるバスからはラフマニノフらしい響き—彼の重要な個性の一つである鐘の音が、効果的に聴こえてくる。その上でズナメニ聖歌がソプラノとアルトによって歌われる。

♫ チェロはアルトのズナメニ聖歌を歌い、最後の8小節間はソプラノ・パートを演奏する。

「主や爾は崇め讃めらる」（キリストの復活）

第9曲：キリストの復活を詠う。ズナメニ聖歌に基づく本作品の一部はラフマニノフ最後の作品『交響的舞曲』（作品45）の最終楽章、練習番号96番の3小節目から練習番号100番のa tempoにかけて引用され、そこにはラフマニノフ自らの手で「アレルヤ」（神を讃えよ）と書き込まれた。『徹夜祷』の精神的基盤となる作品である。

♫チェロはアルト、テノール、ソプラノと受け継がれる語り手を担い、その後加わるテノール・ソロを演奏する。

「我が心は主を崇め」（聖母マリアの賛歌／マニフィカト）

第11曲：ルカによる福音書「聖母マリアの祈り」より。このマニフィカトもラフマニノフのオリジナル音楽である。Ｌ・ｖ・ベートーヴェンの弦楽四重奏のような緻密で立体的なポリフォニーは、最大で十の声部に及ぶ。

♫チェロはバスの旋律を演奏し、合唱高音部のリフレインはピアノで演奏する。独奏楽器と弦楽合奏によるマニフィカト単独での演奏も大変効果的である。

「至高きには光栄神に帰し」（グロリア・イン・エクセルシス）

第12曲。第７曲「至高きには光栄」（グロリア）の持つ動機の基となる曲で、規模はそれよりも遥かに大掛かりになっている。ズナメニ聖歌は主にアルトによって歌われ、極めて和声的な要素を持った各声部の旋律がポリフォニックに絡み合ってゆく。

♫チェロはアルトのズナメニ聖歌を演奏し、各声部に次々現れる旋律も時折演奏しながら、全体的な統制が取れる編曲を行う。

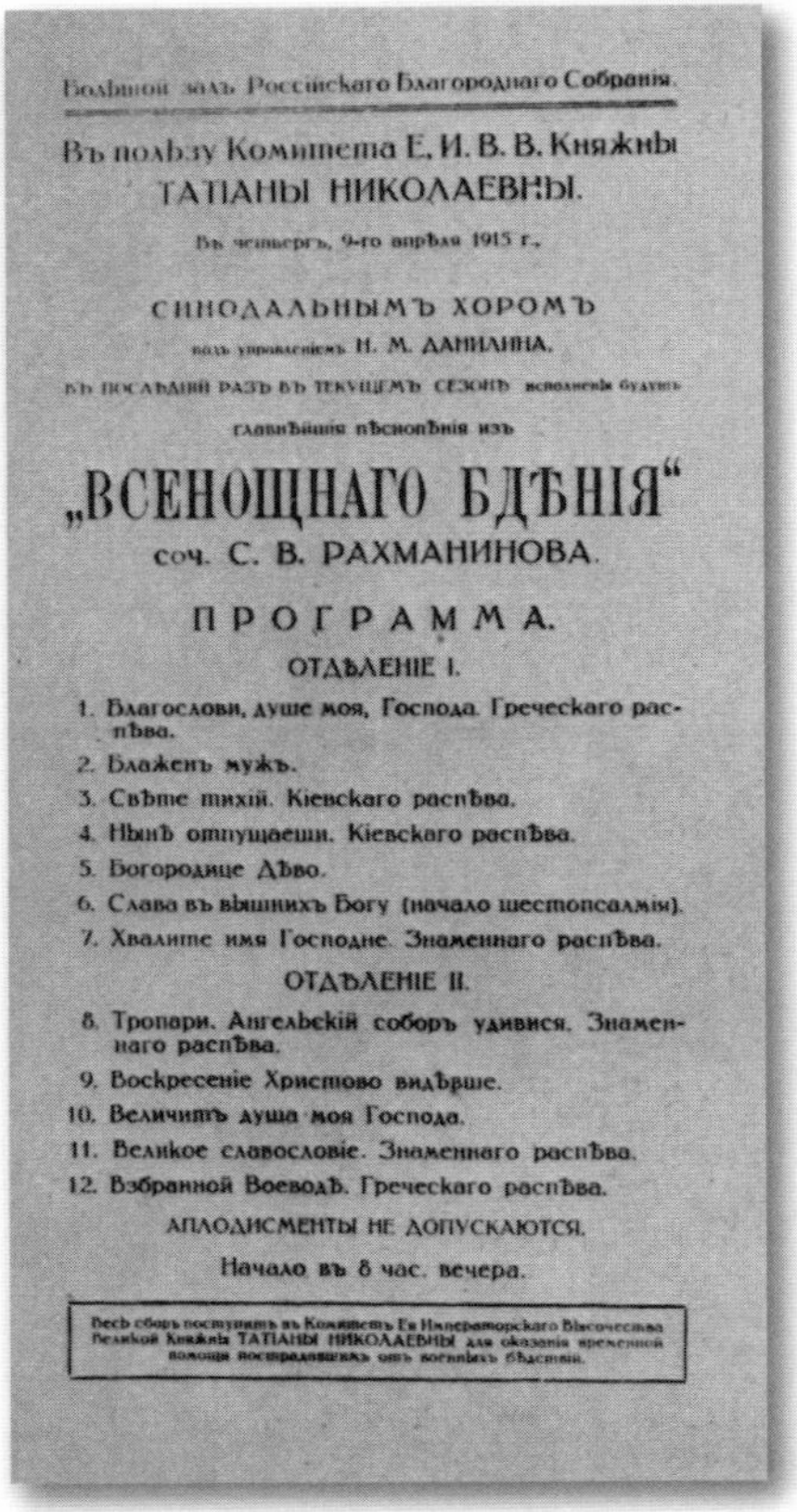
Большой залъ Россійскаго Благороднаго Собранія.

Въ пользу Комитета Е. И. В. В. Княжны
ТАТІАНЫ НИКОЛАЕВНЫ.

Въ четвергъ, 9-го апрѣля 1915 г.,

СИНОДАЛЬНЫМЪ ХОРОМЪ
подъ управленіемъ Н. М. ДАНИЛИНА,
ВЪ ПОСЛѢДНІЙ РАЗЪ ВЪ ТЕКУЩЕМЪ СЕЗОНѢ исполнены будутъ
главнѣйшія пѣснопѣнія изъ

„ВСЕНОЩНАГО БДѢНІЯ“
соч. С. В. РАХМАНИНОВА.

ПРОГРАММА.

ОТДѢЛЕНІЕ I.

1. Благослови, душе моя, Господа. Греческаго распѣва.
2. Блаженъ мужъ.
3. Свѣте тихій. Кіевскаго распѣва.
4. Нынѣ отпущаеши. Кіевскаго распѣва.
5. Богородице Дѣво.
6. Слава въ вышнихъ Богу (начало шестопсалмія).
7. Хвалите имя Господне. Знаменнаго распѣва.

ОТДѢЛЕНІЕ II.

8. Тропари. Ангельскій соборъ удивися. Знаменнаго распѣва.
9. Воскресеніе Христово видѣвше.
10. Величитъ душа моя Господа.
11. Великое славословіе. Знаменнаго распѣва.
12. Взбранной Воеводѣ. Греческаго распѣва.

АПЛОДИСМЕНТЫ НЕ ДОПУСКАЮТСЯ.

Начало въ 8 час. вечера.

Весь сборъ поступитъ въ Комитетъ Ея Императорскаго Высочества Великой Княжны ТАТІАНЫ НИКОЛАЕВНЫ для оказанія временной помощи пострадавшимъ отъ военныхъ бѣдствій.

(上) 1915年3月10日の『徹夜祷』作品37　初演のプログラム (N.M.ダニーリン指揮 宗務院合唱団)
(左) 楽譜 :『徹夜祷』　第１曲「来たれわれらの王、神に」第１頁

ПРАВА ИСПОЛНЕНІЯ СОХРАНЯЮТСЯ.
МАНУСКРИПТЪ Р. М. И.
СОБСТВЕННОСТЬ ДЛЯ ВСѢХЪ СТРАНЪ
РОССІЙСКОЕ МУЗЫКАЛЬНОЕ ИЗДАТЕЛЬСТВО

コラム『交響曲第2番』

『交響曲第2番』（作品27）は主にロシア以外の地で書かれた最初の大作であり、その大半がドイツ・ドレスデンで作曲された[18]。『交響曲第1番』（作品13）から『交響曲第2番』までは10年以上の隔たりがあるが、この間にラフマニノフは『交響曲第1番』の初演失敗（コラム『交響曲第1番』参照）、トルストイ事件（119〜120頁参照）を始めとする苦難を克服し、数々の傑作を生み出すと、いよいよ交響曲作家としてもその偉大な歴史に名前を刻むことになるのである。

『交響曲第1番』を受け入れなかったペテルブルクの聴衆は、1908年に再び同地で初演された『交響曲第2番』に関しては熱狂を持って迎え入れ、それ以降本作品はラフマニノフがアメリカでの指揮者デビューを果たした曲となり[19]、作曲家の生前に本人の指揮によって、もしくは別の指揮者によって何度も上演された。また意外にも本作品の影響を受けたものの一つにはS・プロコフィエフによる交響的スケッチ「秋」があり、プロコフィエフの自伝の中に本人によるその告白を読むことができる[20]。

『交響曲第2番』が真に人を感動させる力を持った名曲であることは疑いようがなく、作品を敵視した批判のほとんどは表面的な感覚によるもので、第2楽章における聖歌に基づく素材の対位法や、作品の和声による構成力などに対する理解を示していないものが多い。しかし同時に『交響曲第2番』は、後に生まれる交響詩「死の島」（作品29）、合唱交響曲『鐘』（作品35）、『交響曲第3番』（作品44）、『交響的舞曲』（作品45）の前段階の音楽であり、ラフマニノフの非常に限られた一つの側面を表しているに過ぎないという点も否めない。今では日本を始め世界中で愛奏される人気交響曲の一つとまでになったが、彼の書いた交響曲の中では唯一本人によるピアノ連弾版が遺されておらず、また生前度々演奏依頼があったのにも関わらず（『交響曲第3番』のように）本人の指揮による演奏も遺されていないという事実は、ラフマニノフ自身の言葉によるこの作品に対する嫌悪感の供述を裏付けている(21)。

『交響曲第2番』（作品27）より第3楽章「アダージョ」

緩徐楽章である第3楽章「アダージョ」は習作歌曲を彷彿とさせる天性の旋律美に満ち溢れ、その器楽的抒情性は後述の歌劇『フランチェスカ・ダ・リミニ』（作品25）の「愛の二重唱」を強く思い起こさせる。筆者はこれまでにチェロとピアノ（またはハープ）のための筆者編曲による演奏を行なっているが、リサイタルでの楽章単独の演奏は効果的であった。またその合理的なオーケストレーションは、チェロ四重奏、六重奏などのチェロ・アンサンブルへの編曲にも適している。

註

(1) ハリソン、283
(2) ハリソン、176
(3) ハリソン、175
(4) ハリソン、181
(5) ポオ、249〜250
(6) ポー、141
(7) ハリソン、180
(8) ハリソン、註釈053
(9) 『キリスト教礼拝』、427〜428
(10) Bertensson/Leyda, 168
(11) ハリソン、137
(12) ハリソン、157
(13) ハリソン、283
(14) ハリソン、184
(15) ハリソン、183
(16) ハリソン、185
(17) ハリソン、186
(18) ハリソン、129
(19) ハリソン、151
(20) プロコフィエフ、40
(21) 一柳、43

ノヴゴロド　ズナメンスキー聖堂　撮影：平野恵美子

第3章　歌劇

器楽的抒情と後の作品への影響

　ラフマニノフは生涯で三つの歌劇を完成させた。音楽院卒業制作として書かれた『アレコ』はムソルグスキー、チャイコフスキーなどのロシア歌劇を、中期の二つの歌劇『吝嗇の騎士』（作品24）と『フランチェスカ・ダ・リミニ』（作品25）はワグナーのドイツ歌劇をそれぞれ手本としているが、三つの歌劇はどれも共通して**器楽的**であり、ポリフォニックな**交響的要素**を持つ。特に『吝嗇の騎士』と『フランチェスカ・ダ・リミニ』に見られる革新的な要素には、その管弦楽法によって主に創造される歌劇全体としての演劇性が挙げられ、イタリア歌劇の煌びやかなアリアのような独唱的要素はラフマニノフ歌劇には（『アレコ』の「アレコのカヴァティーナ」などの例外を除いて）ほとんど見受けられない。

『吝嗇の騎士』の管弦楽的な物語性は『交響曲第2番』（作品27）、交響詩「死の島」（作品29）を始めとする後の管弦楽作品に、『フランチェスカ・ダ・リミニ』第2場の「愛の二重唱」に見られる器楽的な抒情性は自身の室内楽作品、ピアノ作品に影響を与えただけでなく、斬新な手法によるラフマニノフ歌劇は20世紀ロシア歌劇の重要な先例となったのである。

♫ 器楽演奏のための編曲手引き

本章に登場する歌劇作品の器楽演奏のための編曲提案は、コレペティトール譜に基づいて書き記した。なお、全てはチェロ奏者用の編曲提案を基準として表記するが、チェロ奏者以外の器楽奏者におかれては、適宜編曲ポイントをその楽器のために応用されたい。

『アレコ』（1892年）

プーシキンの物語詩「ジプシーたち」を題材に、モスクワ音楽院卒業制作として1892年にラフマニノフが発表した歌劇。同じくプーシキンの詩によるムソルグスキーの歌劇『ボリス・ゴドゥノフ』を既に研究していたラフマニノフは、未完の『エスメラルダ』（第4章冒頭参照）以来となる歌劇を極めて迅速に完成させた。

劇作家V・ネミロヴィチ＝ダンチェンコによる台本では大幅な縮小と書き換えが行われているため(1)、詩人が「文明的な野蛮と野生的な高貴」の対比によって描き出す社会への皮肉と批判にラフマニノフの音楽が厳密に対応してはいないものの、歌劇は初期の歌曲を思わせる豊かな音楽性を最大の特徴とし、一幕物ながら合唱、バレエ・シーンも入った演出は変化に富む。また、本作品に見られる東洋的（ロマ音楽的）描写はラフマニノフの特筆すべきスタイルの一つとなり、後述の「チェロとピアノのための東洋的舞曲」（作品2－2）、ピアノ独奏曲「セレナード」（作品3－5）、「ヴァイオリンとピアノのためのハンガリー舞曲」（作品6－2）や「ジプシーの主題による奇想曲」（作品12）など、特に『交響曲第1番』（作品13）が書かれるまでの多くの作品に受け継がれていった。

「アレコのカヴァティーナ」（第10曲）

寝静まった夜の野営地に月は高く輝く。主人公・アレコは他の男に心変わりしてしまったロマの妻ゼムフィーラを想い、失われた愛への悲しみと絶望の旋律をひとり歌う。個別に取り上げられる機会も多く、歌劇で最も広く知られた場面である。器楽での演奏にも適したこのロマンスに、筆者は後の優れた歌曲へと繋がる音楽的性格を見る。後述のハープ伴奏による「若いジプシーのアリア」と相性が良く、本作品もハープ奏者との演奏をお薦めしたい。

♫ 練習番号8番からは、最初の二分音符C音を4小節目1拍目まで伸ばし、

2拍目で5度下のF音に下がる。その後は3拍目の裏拍からオーケストラの第1ヴァイオリン・パートを3オクターヴ下の音域で演奏し、練習番号10番の1拍目裏拍でチェロ・パートに移り、そのまま最後まで演奏する。ハープ伴奏で演奏する場合は、練習番号9番から10番の4小節間は（ハープの）アルペジオによる演奏が大変効果的である。

「若いジプシーのアリア」（第12曲）

もはやアレコを愛してはいないゼムフィーラは、若いロマの男に心を寄せている。アリアはそのロマの男によって歌われ、愛の変心は何者にも止められないさまを描く。ロマのギターが大いに意識され、ラフマニノフ歌曲では唯一ハープによる伴奏で歌われる。

♫ 最後はハープの最終音までB♭音を伸ばす。

二つの歌劇

ラフマニノフ中期の傑作『吝嗇の騎士』（作品24）と『フランチェスカ・ダ・リミニ』（作品25）は、彼が新婚旅行で訪れたバイロイトでワグナー『ニーベルングの指環』全幕他を鑑賞した後に書かれた歌劇である(2)。両作品とも一幕物の歌劇で、演技と音楽の総合的な推進力、ライトモティーフの使用などの点において、ワグナーの明らかな影響下で作曲された。また数々のロシア歌劇に加え、A・トマ『ミニョン』、サン＝サーンス『サムソンとデリラ』（ラフマニノフが初めて指揮をした他の作曲家による作品で、オペラ指揮者デビュー曲でもある）(3)、G・ビゼー『カルメン』などのフランス歌劇の指揮者も務め、歌劇指揮者としての経験も豊富であったラフマニノフは1904年にボリショイ劇場と副指揮者契約を結んでいるが、この時二つの歌劇は既に完成間近であり、契約は同劇場における初演を視野に入れてのことであった(4)。歌劇指揮者としてのラフマニノフは劇場のみならず作曲家からの支持も集め、N・リムスキー＝コルサコフは自伝において、自身の歌劇『パン・ヴォエヴォーダ』を指揮したラフマニノフに対する賛辞を綴っている(5)。なお、ラフマニノフは二つの歌劇の完成後にG・フローベールの小説「サランボー」の歌劇化も考えたが、良質な台本を手にできず(6)、その企画は実現しなかった。

『吝嗇の騎士』（作品24）

原詩はプーシキンによる同名の小悲劇。七つの大罪から一つずつ題材を取ったプーシキンの四つの小悲劇のうち、色欲が主題の「石の客」（A・ダルゴムイシスキー）、嫉妬が主題の「モーツァルトとサリエリ」（リムスキー＝コルサコフ）、死の恐怖に際しての人間の愚かさが主題の「黒死病流行時の饗宴」（キュイ）の三つは既に歌劇化されており、ラフマニノフは残っていた強欲が主題の「吝嗇の騎士」に目を向けた。既に述べたように、歌劇『アレコ』ではラフマニノフが使用した台本はプーシキンの原詩が自由に書き換えられたものとなっていたが、本作品でラフマニノフは原詩を40行しかカットせず、またほとんど書き加えることもなく物語を音楽化し[7]、役が全て男性歌手の歌劇は１９０５年に完成された。

吝嗇の騎士とはつまり金に卑しい騎士であり、物語では彼の金銭に対する異常な欲望、息子アルベールとの憎しみで歪んだ親子関係を描く（守銭奴はプーシキン以前の作品にも見られる文学的主題で、シェイクスピアの「ヴェニスの商人」に登場するシャイロックなどが挙げられる[8]）。「吝嗇の騎士」の守銭奴は貴族階級の男爵を指し、本来であれば名誉を重んじる騎士であるべき人物だが、男爵は吝嗇の権化で金を貯めることに人生を捧げ、金こそが最も偉大な力の源であると信じている。更には実の息子を嫌い、遺産を相続させまいと貧困生活を強要し、最後には争いが勃発して悲劇的な結末を迎える。なお、作品の舞台は中世のイギリスという設定ではあるものの、詳しい時代背景は描かれていない。

作曲家の個人的な事情については、彼が小悲劇「吝嗇の騎士」に関心を持った理由の一つとして、実父の乱費に少なからず悩まされた若き日々(9)と作品を重ね合わせたことが考えられる。またプーシキンの小悲劇は、「われわれはすべてプーシキンから出発している」と述べたF・ドストエフスキー(10)の作品のいくつかにも影響を与え、特に「未成年」の主人公である青年アルカージイの人物像形成に直接的な影響を及ぼした(11)。

ラフマニノフの音楽表現における独自の技法―第1章で述べた、ポリフォニー、和声、半音階の中でも、特に半音階に関して彼は『吝嗇の騎士』を通して人間心理の音楽化に高度な応用を見せ、その進化は後の『十五の歌曲』(作品26)、『交響曲第2番』(作品27)、合唱交響曲『鐘』(作品35)などの創作に向けた大きな助走となっている。

第2場「モノローグ」

第2場全体を占めるモノローグは歌劇の中で最も重要な場面であり、当初シャリャーピンによる歌唱を想定して書かれた(12)。ここでは最も器楽演奏が効果的な部分について触れる。

演奏開始位置としては、第2場の男爵の歌唱が始まる直前のL' istesso tempoをお薦めしたい。その後、〃わしの権力に従わぬものがあろうか? わしは悪魔さながらに、ここから世界を支配できるのだ（プーシキン／栗原成郎訳）〃[13]と自惚れるシーン、そして、〃わしはあらゆる願望を超越している存在だ。（中略）わしは自分の権力を知っておる。この自意識でわしは十分だ…（プーシキン／栗原成郎訳）〃[14]と独白しながら、黄金を眺める部分までを網羅するようにLargoの終わりまで演奏し、次のMeno mossoが始まる冒頭の（遺作歌曲「祈り」の最終和音を思わせる）七和音で終結する。

♪L' istesso tempo冒頭のコレペティートル譜のピアノ・パートはチェロで演奏し、Un poco piu mossoで男爵パートに移行する。ピアノはその小節から加わる。

『フランチェスカ・ダ・リミニ』（作品25）

フランチェスカ・ダ・リミニは13世紀イタリアに生きた実在の女性である。フランチェスカは美青年パオロ・マラテスタと結婚した直後、彼女が実際に婚姻関係を結んだ相手はパオロの醜い兄・ジャンチオットであり、パオロは結婚不成立を回避するために立てられた身代わりであった事実を知る。フランチェスカのパオロに対する愛情は枯れようもなく、それを知り嫉妬に狂ったジャンチオットの罠によって二人は殺害される。

この実際に起きた悲劇を、イタリアの詩人ダンテ・アリギエーリは不滅の叙事詩『神曲』地獄篇の第5歌に取り入れた。言うまでもなくそれは後世の多分野にわたる芸術家たちに大きな影響を与え、音楽ではF・リスト『ダンテ交響曲』（第1楽章）、絵画ではS・ボッティチェリ「地獄の見取り図」、彫刻ではA・ロダン「考える人」を始め影響を受けた作品は多数存在し、ラフマニノフも例に漏れず「フランチェスカ・ダ・リミニ」を歌劇に仕立てた（完成は『吝嗇の騎士』（作品24）と同じく1905年）。

歌劇『フランチェスカ・ダ・リミニ』の台本はチャイコフスキーの弟モデストによるが、当初ラフマニノフはシェイクスピアの戯曲による台本を依頼し、モデストは「リチャード二世」を示唆していたようである(15)（更に前の1892年には、同台本作家にF・フーケの小説「ウンディーネ」を基にした台本を依頼したこともあったが、それに関しては手付かずに終わっている(16)）。その後「フランチェスカ・ダ・リミニ」を題材にラフマニノフが作曲を行うことに決まったが、彼はモデストの台本に最後まで満足せず(17)、台本作家の変更こそなかったものの、歌劇は主に作曲家の音楽性と直感によって筋立てられた。

幕が開け、間もなくしてダンテは抱き合う男女の姿を発見すると、案内人ウェルギリウスによってそれがフランチェスカとパオロであると知らされる。ここで我々は原詩におけるフランチェスカの有名な言葉――〝みじめな境遇に在って、しあわせの時を想いおこすより悲しきは無し。（ダンテ／寿岳文章訳）〟[18]を、フランチェスカとパオロの二重唱に聴く。また、やがて訪れる悲運の予兆である下降音形をフランチェスカのライトモティーフとして使用するなどのワグナー的技法の他、W・ブレイクの挿絵「愛慾者の圏」で描かれる渦巻く亡者たちを彷彿とさせる合唱のヴォカリーズ唱法（楽譜の指示ではハミング唱法だが、ヴォカリーズ唱法が一般的な演奏の伝統となっている）を始め、『吝嗇の騎士』と同じく『フランチェスカ・ダ・リミニ』でもやはり特筆すべきは半音階手法であり、『交響曲第2番』（作品27）（コラム『交響曲第2番』参照）に継承されてゆく器楽的抒情性と管弦楽法を最も大きな特徴とする歌劇は、ラフマニノフ中期から後期の多くの作品を紐解く重要な手掛かりとなっている。

第2場「愛の二重唱」

二重唱の作曲は1900年7月のイタリアまで遡る。

1900年の夏はラフマニノフが今こそ感情消失からの更生（第4章『チェロとピアノのためのソナタ』（作品19）参照）を遂げようとしている期間であり、これは一般的にラフマニノフ復活の象徴とされる『ピアノ協奏曲第2番』（作品18）よりも更に早い時期のもので[19]、「愛の二重唱」こそが彼の作曲家としての再起を決定付けているると言える。その抒情性は、やがて『チェロとピアノのためのソナタ』、『交響曲第2番』などの器楽作品にも受け継がれてゆく。

二重唱は二人が『アーサー王物語』の「グィネヴィア王妃と円卓の騎士ランスロットの不倫物語」に姿を重ね、パオロがフランチェスカに愛を告白する場面であるが、器楽演奏で取り上げる際はそのシーンから特に器楽的な部分の抜粋を行う（フランチェスカの禁断の愛に揺れる心の葛藤が描かれた後、ついにパオロの情熱にほだされ至福の瞬間を受け入れてしまう場面―フランチェスカとパオロのユニゾンによる二重唱が始まる直前のPrestoから、ジャンチオットが現れる直前の8分の6まで）。

♫ユニゾンはチェロのみで演奏。掛け合いの箇所ではフランチェスカ・パートとパオロ・パートのどちらを演奏するかを決定し、それに準じてピアノ・パートの編曲を行う。合間に現れる管弦楽パートでは、フランチェスカのライトモティーフである下降音形をチェロで演奏し、抜粋箇所における最後の2小節にはチェロの最低D♭音をあてがう。

1913年　娘のイリーナとイワノフカで

コラム『交響曲第3番』

自身が「定住すべき唯一の場所」と語った[20]スイス・ルツェルン湖畔の「セナール」（ヨーロッパの活動拠点として建てられた別荘。セルゲイの「Se／セ」、妻ナターリヤの「Na／ナ」、ラフマニノフの頭文字「R／ル」を取って命名された）で書かれた『交響曲第3番』（作品44）は、彼が遺した最後の交響曲である。

第1楽章の展開部において、練習番号21番のTempo rubatoから練習番号25番までの間、実に32小節にわたりG♯音＋半減七和音（F♯→A→C→E）（G♯音を基音とした属九和音の第五音上方変異＝G♯→（B♯）→E→F♯→A）の不安定な和声が保たれる中、ラフマニノフは各楽器の音色と奏法の高度な使い分けによって色彩を徐々に変化させ、さりげなく、極めて巧妙に主題を回帰させる。その直前にF♯音はF♮音に変化し、再現部に移行した瞬間に我々は、ペダル・ポイント（持続低音）としてのG♯音が交響曲の基音であるA音への導音であったことに気付かされる。こうした手法からは彼の魔術的な和声法と管弦楽法の円熟度が窺えるが、最終版が完成するまで27年という年月を要した『ピアノ協奏曲第4番』（作品40）にも見られるように、意図的に簡素化された素材から最大の効果を生み出す晩年のラフマニノフの手腕は特筆に値する。

約30年前に書かれた『交響曲第2番』（作品27）にはなかった打楽器群や、取り分け重要なハープ・パート（2台のハープによるユニゾン演奏がラフマニノフ本人によって推奨されている）が加わっているが、管弦楽は模範的な3管編成の形を取り、その充実した内容とは裏腹に演奏時間はわずか40分程度である。

録音は、ラフマニノフが自身の最高傑作とした合唱交響曲『鐘』（作品35）や宗教合唱曲『徹夜祷』（作品37）の自作自演が遺されていない代わりに、「自分の最も優れた代表的な作品の一つ」と彼が述べた『交響曲第３番』[21]については、１９３９年にフィラデルフィア管弦楽団を自ら指揮した名盤がある。複雑なポリフォニーは明晰な立体として表現され、オーケストラを完全に手中に収めながら自由なアゴーギクによって演奏に推進力を与えるラフマニノフの卓越した指揮法は、エルガー、マーラー、Ｒ・シュトラウスに並んで、彼が指揮者としても偉大な数少ない作曲家の一人であったことを証明していると言えよう。

なお、Ｍ・ハリソンの伝記『ラフマニノフ 生涯、作品、録音』には、１９３７年9月に彼がロンドン・フィルハーモニー管弦楽団を指揮して『交響曲第３番』を録音する予定があったが撤回された、との記述がある[22]。

和声分析協力：渡邊智道（ピアニスト／作曲家）

註

(1) ハリソン、41
(2) ハリソン、101
(3) ハリソン、84
(4) ハリソン、109
(5) リムスキー＝コルサコフ、175
(6) ハリソン、122
(7) ハリソン、112
(8) シェイクスピア、151～154
(9) Bertensson/Leyda, 3
(10) プーシキン、1953、218
(11) ドストエフスキー、528
(12) ハリソン、117
(13) プーシキン、1972、352
(14) プーシキン、1972、353
(15) Bertensson /Leyda, 82
(16) ハリソン、52
(17) Threlfall/Norris, 182
(18) ダンテ、70
(19) ハリソン、91
(20) ハリソン、295
(21) ハリソン、312
(22) ハリソン、304

楽譜：『交響曲第３番』作品44　スコアの１頁目

第4章　室内楽

『チェロとピアノのためのソナタ』へ

これまでの重要な歌唱作品群の器楽的視点による考察とは異なり、本章ではラフマニノフ最大の室内楽作品である『チェロとピアノのためのソナタ』を中心として、それまでに書かれた作品を含めた全ての室内楽曲に焦点を当てる。

ラフマニノフがイワノフカ（モスクワから南東に約５００キロメートル）を知ったのは１８９０年のことであるが、やがて彼はその地に対する深い共感と愛情を抱くようになった（その美しい風景の一片は、イギリスの映画監督T・パーマーによるラフマニノフのドキュメンタリー映画「The Harvest of Sorrow」（歌曲「ああ、わたしの畑よ…」（作品４－５）の英題）にも収められている他、ラフマニノフが愛した別荘は博物館として残された）。彼は17歳の夏からロシアを去るまでの27年間にわたって**イワノフカの大地**から創作意欲を得続け、ほとんどの室内楽作品、合唱交響曲『鐘』（作品35）を始めとする主要作品の多くには、大自然が与えた影響が色濃く表れている。また、初期のラフマニノフに刺激を与えた要素としてロマ音楽も挙げられ、『交響曲第１番』（作品13）が書かれるまでの室内楽作品のいくつかには、その明らかな影響を聴き取ることができる（コラム『交響曲第１番』、歌劇『アレコ』参照。最初期の特筆すべき例は、ユゴーの小説「ノートルダム・ド・パリ」を主題に歌劇を書こうとした１８８８年に遡る─数ページのスケッチしか残されていないが、タイトルは作中のロマの少女の名を取って『エスメラルダ』と名付けられた）。

♫ 器楽演奏のための編曲手引き

ヴァイオリンのための編曲提案。全てはチェロ奏者用の編曲提案を基準として表記するが、チェロ奏者以外の器楽奏者におかれては、適宜編曲ポイントをその楽器のために応用されたい。

チェロのための作品

「チェロとピアノのためのリート（ロマンス）」（１８９０年）

ラフマニノフ最初のオリジナル・チェロ作品。17歳の彼がイワノフカで初めて書いた記念すべき作品は、『六つの歌曲』（作品４）の第３曲「ひそかな夜のしじまの中で…」

と同じく初恋の相手ヴェーラ・スカロンに捧げられ、若書きながらチェロらしい厚みのある中音域を駆使し、既に全体を通して深い憂いを帯びている。正規初版楽譜（シコルスキ社）にあるようにヘ短調のまま曲を閉じるのが一般的であり、ボヤールスキイ、ゲリンガスの両師（本書「はじめに」参照）も同じ解釈であったが、ピアニストでラフマニノフ研究の第一人者であるV・アシュケナージ、またチェロ奏者のS・イッサーリス（後述）は終結をピカルディ終止にした録音を残しており、ラフマニノフ演奏の世界的権威の間では意見が分かれている。

「ラフマニノフの主題によるメロディ」（1890年?）

ベラルーシのチェロ奏者で、ラフマニノフとはモスクワ音楽院の同級生であったM・アリトシューレルによって、作曲者没後の1947年になってニューヨークで出版された。アリトシューレルはラフマニノフの『ピアノ協奏曲第1番』（作品1）改訂版の初演で指揮をした人物でもある。彼によれば本作品は1890年作で、不完全な状態で数枚の楽譜に散在する形で彼の手元に残っており、それを元に結合、復元したとされているが、そのラフマニノフの手書き原稿とされる楽譜は消失していて真実は明らかではない(1)。筆者の師ボヤールスキイによれば、学生時代のある日、アリトシューレルがラフマニノフを訪ね、その際ラフマニノフが即興で弾いた主題をアリトシューレルが記譜し、後にそれを曲として完成させたものが「ラフマニノフの主題によるメロディ」になったのだという。いずれにしても、ラフマニノフが少なからず関わっているのは主題の和声と旋律からも明らかで、チェロ奏者にとっては貴重なレパートリーである。今後日本でも演奏機会が増すことを願いたい。

『チェロのための二つの作品』より「チェロとピアノのための前奏曲」（作品2－1）

1891年7月にイワノフカで書かれたピアノ独奏用の同曲を、半年後にラフマニノフがチェロ版に編曲したもの。「チェロとピアノのための東洋的舞曲」と共に『チェロのための二つの作品』（作品2）として出版され、後述「メロディ」（作品3－3）の内容を暗示している。ラフマニノフが絶大な信頼を寄せたチェロ奏者A・ブランドゥコフに捧げられ、彼らの共演により1892年2月11日に行われたラフマニノフ初の自主リサイタルの中で初演された(2)。ボヤールスキイによれば、ブランドゥコフはこの作品について、「チェロ版で顕著なラフマニノフの既に完成された対位法は、ピアノ独奏版のそれよりも遥かに効果的に表れている」と述べたとされる(3)。

『チェロのための二つの作品』より「チェロとピアノのための東洋的舞曲」（作品2－2）「前奏曲」の対になるもう一つの作品。おそらく1891年に作曲されたが、正確な作曲年は分かっていない。歌劇『アレコ』より「若いジプシーのアリア」、後述のピアノ独奏曲「セレナード」（作品3－5）、「ヴァイオリンのためのハンガリー舞曲」（作品6－2）と内容的に多くの類似点が見られ、増二度に基づいたロマ音楽的（東洋的）情緒を取り入れた作品の旋律楽器にチェロを選んだ事実は、注目に値する。奏者には高度な演奏技術が要求される代わりに、大きな演奏効果が期待できる作品である。

ノヴゴロド市内にあるラフマニノフ像
撮影：高橋健一郎

『チェロとピアノのためのソナタ』（作品19）

独奏楽器としてのチェロに加え、完全に伴奏の域を越えた華やかで独立したピアノ・パートを持つ「チェロ・ソナタ」を最初に形としたベートーヴェンの五つのチェロ・ソナタ（1796年の第1番と第2番、1808年の第3番、1815年の第4番と第5番）以降、F・メンデルスゾーン（1838年の第1番、1843年の第2番）、F・ショパン（1846年の唯一のもの）、C・V・アルカン（1857年の唯一のもの）、J・ブラームスの第1番（1865年）、デュパルク（1867年の唯一のもの）、サン＝サーンス（1872年の第1番）、E・グリーグ（1883年の唯一のもの）、R・シュトラウス（1883年の唯一のもの）、ブラームスの第2番（1886年）などによって紡がれた輝かしいチェロ・ソナタの系譜に、新たな作品を加えたのがラフマニノフである。

1897年3月の『交響曲第1番』（作品13）初演失敗（コラム『交響曲第1番』参照）の後、ラフマニノフはオペラ指揮者としてロシア、フランス歌劇を中心に多くの演奏会に出演し、1899年にはピアノ独奏曲「幻想的小品“Delmo”」（“Delmo”が何を意味するのか、未だに完全には解明されていない。有力説については高橋健一郎筆「ロシア音楽・こぼれ話（第2話）」を参照(4)）、「フゲッタ」を書き、ロンドンで指揮者・ピアニストとして海外デビューを果たした他、歌曲「きみはしゃっくりがでなかったか…」、合唱曲「治癒者パンテレイ」を作曲している。こうした活動によって『交響曲第1番』の苦難を乗り越えつつあった頃、1900年1月にラフマニノフは文豪L・トルストイと面会する機会を得る(5)。

当時誰もが尊敬した偉人との邂逅は、作曲家の自信喪失を完全に克服する大きな一押しとなるかのように思われた。

しかしその期待も虚しく、自身の歌曲「運命」（作品21‐1）に対するトルストイの痛烈な批判を受けて彼は再び自信を失い(6)（第1章「小作農奴」（作品34‐11）も参照）、その後サーチン家（2年後に結婚する従妹ナターリヤの実家）の紹介で同年1月～4月まで精神科医N・ダーリ博士の催眠療法を毎日受けたことによって次第に状態は快方に向かったが(7)、作曲を再開できるようになるには更に数ヶ月待つ必要があった(8)（蛇足だが、若きラフマニノフの素晴らしい未来を予見した1888年のチャイコフスキーの他に(9)、1898年にはロシアの文豪A・チェーホフがラフマニノフの歌曲作品を聴き、その才能を見抜いている。チェーホフの賛辞にラフマニノフは深い感銘を受け、それを亡くなるまで忘れることはなかった(10)）。

第3章でも述べたように、〝作曲家ラフマニノフ〟の復活を決定付けたのは1900年7月、『フランチェスカ・ダ・リミニ』（作品25）の主要場面である「愛の二重唱」の作曲を行なったことによるが、これは『ピアノ協奏曲第2番』（作品18）への着手よりも早い段階の出来事である。その後生まれる『チェロとピアノのためのソナタ』は、『二台のピアノのための組曲第2番』（作品17）、『ピアノ協奏曲第2番』と合わせて翌年の1901年に完成した三つの傑作のうちの一つに数えられ、特にその抒情性において3作品の間には当然とも言える類似点が存在する。前述のチェロ作品の数々よりも更に個性が前面に出たチェロ・パートは、「なぜチェロがあるのにヴァイオリンのために書くのか」(11)と述べたラフマニノフの充実した中低音の効果的な書法によって息の長い旋律が与えられ、全体を通して特に弓（右手）の高度な演奏技術が要求される。作品を献呈されたブランドゥコフがそうであったように(12)、作品の演奏には真に歌えるヴィルトゥオーソ・チェロ奏者が必要とされるが、ラフマニノフは二つの楽器の対等性から本作が「チェロ・ソナタ」と呼ばれることを好まなかった(13)。

チェロ奏者はそれゆえに、また1970～80年代頃から主流となった（瞬間的な音量が大きく高次倍音の少ない）ピアノと演奏しなければならない場面が多い世界的状況下において、あらゆる手段で深刻な音量バランスの問題に対する独自の解決策を見出さなければならない。右手親指が弓のフロッグ凹部にくる持ち方を基本としたロシア・メソッドによる弓奏法の研究、取り分け中低音域の豊かな音作りと、慎重な共演者の選択（多量の音数を手中に収めた上で、管弦楽的な音色と強弱を自由に操ることが可能な奏者）は、本作品の真価を引き出すための絶対条件であると言えよう。

初演は1901年12月15日にモスクワで、ブランドゥコフのチェロ、ラフマニノフのピアノによって行われた。自筆譜には多くの修正跡が見受けられ、最終楽章のコーダ直前には「1901年11月20日」（露暦）の書き込み、またその後に加えられたと見られる24小節のコーダには「1901年12月12日」（露暦／初演日（露暦12月2日）の10日後）の日付が残されており、初版における曲の終わり方が窺い知れる。

第1楽章：レント - アレグロ・モデラート

「作品の幕を開けるチェロの2音には、「Warum?」（ドイツ語で「なぜ？」）という**隠された歌詞**がある…」

これは筆者がボヤールルスキイから伝授された言葉で、ブランドゥコフ直系の弟子筋に伝わる秘話の一つである。疑惑や不安を煽る動機のドイツ語では、ベートーヴェンの『弦楽四重奏第16番』第４楽章や、Ｃ・フランク『ニ短調交響曲』第１楽章における動機「Muß es sein?」（そうでなければならないのか？）を思い浮かべるが、これに関してラフマニノフがそれらを意識したとは思えない。また本作以前の作品のいくつかには、歌詞を持たない器楽曲に多くの言葉を忍ばせたシューマンの影響が見られるものもあり、ドイツ語の選択自体に疑問を持つ必要はないと思われる。

その半音による陰鬱な問い掛けは、明らかに『交響曲第１番』の初演失敗、トルストイ事件を含む一連の出来事への、消化し切れない心中の吐露であることは容易に想像できよう。またそれが巧妙にディエス・イレ的な動機を仄めかしていることからも、それを用いた『交響曲第１番』に対する忸怩たる思いが汲み取れる。その主題は後続のアレグロ・モデラートに引き継がれ、第２主題へと変化した後、展開部も同じ動機によって発展する。ピアノによる独奏部直前の４小節にわたるチェロの低音Ｅ♭音の連続は「警告の鐘」であり、それは後の合唱交響曲『鐘』（作品35）第３楽章を予見させる。その後『ピアノ協奏曲第２番』の第１楽章を想起させるクライマックスを経て、

「Warum?」動機が発展した第2主題が再現される。この構成はショパンの『チェロ・ソナタ』第1楽章を参考にしたものと見られるが、クライマックスの独創性に富んだチェロ・パートの効果的な書法は、ラフマニノフの弦楽器に対する高い理解度を印象付けている。コーダにおいても一貫して「Warum?」動機による流れが生まれ、激しさを保ったまま第1幕を閉じる。

チェロの最終音のピッツィカートによる分散和音とピアノの最後の三つのG音を合わせると、「ラフ」(ピッツィカート)、「マ」(一つ目のG音)、「ニ」(二つ目のG音)、「ノフ」(三つ目のG音)という彼の名前の音節によるサインになっており(14)、その手法は『ピアノ協奏曲第2番』第3楽章の最後の四つのC音の連なりなどにも見られる。

第2楽章:アレグロ・スケルツァンド

冒頭の暗いハ短調スケルツォの主題は、**汽車の描写**である(15)。これも口頭伝承によるものだが、意識すればするほど、それは夜の大地を列車が進む音以外の何ものにも聴こえない。直後に現れる旋律は列車に揺られながら夢を見ているさまを歌い、中間部は夜明けと共に窓に映る雄大な景色に心打たれる様子を描いている(16)。V・ホロヴィッツの回想には、ピアニストとしての演奏で世界を駆け回っていたラフマニノフは汽車を家と喩えたと書かれており(17)、乗り物に対しての大きな情熱から陸上では自動車運転の趣味を持ち(18)、水上においてはボートを好んだラフマニノフらしい描写が見られる楽章である(19)。

余談だが、ラフマニノフとホロヴィッツは1942年にW・ディズニーと面会し、そこでミッキー・マウスがラフマニノフの「嬰ハ短調前奏曲（鐘）」（作品3－2）を弾く映像を観賞して大いに感激した、という逸話も残されている(20)。

第3楽章：アンダンテ

幅広いテクスチュアを持ち、楽章を通してチェロとピアノの高度な対位法が見られる。その抒情性は『チェロとピアノのためのソナタ』よりも前に書かれた音楽―歌劇『フランチェスカ・ダ・リミニ』（作品25）の「愛の二重唱」との類似を暗示し、生命力溢れる情熱によって導かれる中間部では、チェロの低音B♭音の連続が後の合唱交響曲『鐘』（作品35）第2楽章の「金の鐘」

を思わせる。前述のロシア・メソッドによる弓奏法は、この楽章において特に真価を発揮する。

第4楽章：アレグロ・モッソ

冒頭の華やかなピアノによる序奏の後、チェロの第1主題は春の訪れを告げる。歌曲「春の流れ」（作品14－11）を連想させる希望に満ちた音楽は、チェロによってニ長調の第2主題へと導かれ、第1主題を仄めかす展開部を経て、再現部では歓喜の歌が完全に再現される。第2主題はト長調で再び現れ、そのままG音を基とするMeno mossoに入ると、一度静かに幕を閉じようとする。前述のように、初演時に実際はここで全曲が終結していたと考えると、またしても『交響曲第1番』への想い―ここでは交響曲第3楽章の終結部へのオマージュと取れるパッセージ―が本作品において特別な意味を持つことが窺える。その後改訂で付け加えられたVivaceのコーダでは、ディエス・イレ的な動機を仄めかす第1楽章の主題が今度は長調で現れ、交響曲の初演失敗やトルストイ事件を乗り越えて完全に自信を取り戻したラフマニノフの、希望に満ちた未来への賛歌によって壮大に幕を閉じる。

筆者がロンドンで立ち会ったチェロ奏者イッサーリスの演奏会では、特に第４楽章における楽譜の指示と明らかに異なる演奏が印象的であったが、それはイッサーリスによれば(22)、彼の祖父Ｊ・イッセルリス（モスクワ音楽院でラフマニノフと同門であったピアニスト・作曲家）がラフマニノフ本人から楽譜にはない演奏指示を受け、イッサーリスが祖母の記憶を通じて受け継いだものとされる。いくつかの楽譜との明らかな違いの中でも、初演版における終結部（Meno mosso）を pp ではなく f で弾き始めた部分については、ラフマニノフが初演後に Vivace のコーダを付け加えた事実と照合すると大きな注目に値する。

ラフマニノフは本作品をブランドゥコフ以外にも、１９１９年にニューヨークでＰ・カザルスと共演したが(22)、そのいずれも録音は遺されていない。２０１８年に世界を驚かせた１９４０年のラフマニノフ秘蔵録音のように、いつの日か隠された録音が出て来るという奇跡に期待したい。なお、ラフマニノフと同様に20世紀モダニズムに対して否定的な姿勢を取っていたカザルスは、それが音楽芸術の本質に忠実であろうとする作曲家たちに嘆かわしい影響を与えたとした上で、「独創性は生まれついての才能であり、心を表現せず、難解な言葉を振り回すだけの革新から芸術は創造されない」(23)と述べている。

「前奏曲(ト長調)」(作品23‐10)

J・S・バッハやショパン同様、ラフマニノフも24全ての調で前奏曲を残しているが、彼の場合は「24の前奏曲」という纏まった曲集を発表したわけではなく、後述『幻想的小品集』(作品3)の中の「嬰ハ短調前奏曲(鐘)」を最初の前奏曲とし、後に書かれた『10の前奏曲』(作品23)、『13の前奏曲』(作品32)と合わせた三つの曲集によって全調24の前奏曲を仕上げた。1905年に出版された本作品は、『10の前奏曲』の第10曲(変ト長調)を基にブランドゥコフがト長調のチェロ曲として編曲したもので、原曲は初めからチェロとピアノの作品を意識していたかのような一貫した構成を持つ。ブランドゥコフとラフマニノフによる演奏記録は見つかっていないが、ボヤールスキイによれば、本作品はラフマニノフ公認の編曲であった(24)。

ラフマニノフがピアニストとして訪れた世界各地の演奏会では、アンコールに「嬰ハ短調前奏曲(鐘)」(作品3‐2)の演奏を熱狂的に求められ、実際にその場に居合わせた人物は、作品冒頭の3音が鳴ると拍手が起こったと綴っている(25)。

室内楽作品

『弦楽四重奏』(1889年)

ラフマニノフの現存する作品の中で、最も早い時期に書かれたとされている作品は1887年の「無言歌」(ピアノ独奏曲)だが(26)、1889年には管弦楽作品を除いて初めてラフマニノフが正式にチェロを用いた作品である『弦楽四重奏』が書かれる。残念ながら「ロマンス」(第2楽章)と「スケルツォ」(第3楽章)のみの未完に終わっており、いずれのパートにも特筆すべき書法はまだ見られないが、全体を通して『四つの小品』(ラフマニノフが『ピアノ協奏曲第1番』初版を完成させるまで〝作品1〟と銘打っていた作品)の終曲「ガヴォット」の主題が多く見られるなど、若きラフマニノフの意欲的な姿勢が見て取れる。

1891年にラフマニノフによる弦楽合奏(弦楽オーケストラ)版が演奏された事実(27)、また同じく彼によって弦楽五重奏版が(おそらく)編曲されたというハリソンの記述は興味深い(28)。

『ピアノ三重奏第1番』(1892年)

「チェロとピアノのための前奏曲」(作品2-1)と共に、ラフマニノフが初めて開催した自主リサイタルにおいて、ブランドゥコフとの共演で(ヴァイオリンはD・クレイン)初演された単一楽章による作曲者初の三重奏作品。チャイコフスキーのピアノ三重奏「偉大な芸術家の思い出に」の明らかな影響下で書かれ、両弦楽器には悲哀に満ちた抒情的な旋律が与えられている一方で、ピアノがほぼ常に中心的な役割を担う。ただし、弦楽器が歌えなければ本作品を演奏する意味はないと断言できるほど、ヴァイオリン奏者、チェロ奏者には歌心とそのための技術が要求される。

『ピアノ三重奏第2番』(作品9)

本作品においてもチャイコフスキーの影響は計り知れない。作品はラフマニノフが尊敬した彼の死を受けて1893年に書かれ、『ピアノ三重奏第1番』と同じくチャイコフスキーのピアノ三重奏「偉大な芸術家の思い出に」に多くを倣っている。

特に第1楽章のチェロ・パートでは『チェロとピアノのためのソナタ』(作品19)に通ずる手法が垣間見え、ラフマニノフが既に楽器に対する高度な知識と理解を持ち合わせていたことが窺える。変奏形式の第2楽章はチャイコフスキーが生前に絶賛したラフマニノフの交響詩「巌」(作品7)の主題によるものであるが[29]、信じ難いことに本作品の初版（1894年）には、第2楽章冒頭の鍵盤独奏をハーモニウムに演奏させる指示が存在する。第3楽章は（『ピアノ三重奏第1番』に似て）ピアノの独壇場となる。

実際にハーモニウムを用いた初版による三重奏の演奏はロンドンで行われたが[30]、その後ハーモニウム・パートの削除、独奏ピアノによる変奏の削除や曲の部分短縮など、1907年と1917年の二度にわたる改訂が行われた。

『弦楽四重奏』（1896年？）

前述の未完『弦楽四重奏』に続き、ラフマニノフは再び弦楽四重奏の作曲を試みるが、その時期は『交響曲第1番』（作品13）の仕上げに情熱を注いでいた頃であったため、結果としてこの弦楽四重奏も未完に終わった。全てのパートで『弦楽四重奏』（1889年）よりも演奏効果が上がり、弦楽器のみによるポリフォニーの書法においても完成度が増していることから、本作品が最後まで書かれなかったのは残念である。

二つの弦楽四重奏作品は未完に終わっているが、それらに二つのピアノ三重奏作品を加えた室内楽演奏会は、室内楽作曲家としてのラフマニノフに光を当てる意義深いものとなるだろう。

ヴァイオリンのための作品

「ヴァイオリンとピアノのためのロマンス」(1889年または1890年)

ラフマニノフ最初期のヴァイオリンのためのイ短調作品。「チェロとピアノのためのリート(ロマンス)」に似た曲想を持つが、和声にラフマニノフ的な色彩はまだ感じられない。ヴァイオリン以外の楽器によって演奏する場合は、中間部の重音パッセージにある程度の工夫が必要とされる。

『二つのサロン風小品』より「ヴァイオリンとピアノのためのロマンス」(作品6-1)

ラフマニノフがヴァイオリンのために書いた唯一の作品集。曲の大半をヴァイオリンの低音域が占める1曲目「ロマンス」は、高度な技術が要求されるオクターヴ奏法も含め、チェロによる演奏を想定していたかのような作品である。終結部119~120小節にかけて現れる三連符「F↓E↓F、G↓F↓E」と、後の『徹夜祷』(作品37)第14曲「爾は墓より復活し」に登場する「F↓E、F↓G、F↓E」には関連が見られる(第1章「キリストは蘇り給いぬ…」(作品26-6)も参照)。

♫ 中間部で若干の工夫が必要な重音部では、ピアノの和声内で足す音、もしくは省く音を決定する。

『二つのサロン風小品』より「ヴァイオリンとピアノのためのハンガリー舞曲」（作品6-2）

1曲目に抒情的な作品、2曲目にロマ音楽的な表現に倣った作品を配置する手法は、既に述べた『チェロのための二つの作品』（作品2）に先例を見る。「若いジプシーのアリア」、「チェロとピアノのための東洋的舞曲」（作品2-2）、後述「セレナード」（作品3-5）と多くの共通点を持ちながら、「ハンガリー舞曲」はその中でも特にロマ音楽の影響が顕著に現れている（冒頭の5音「D→C→E♭→D→A」と歌曲「彼女に」との関連については、第1章「彼女に」（作品38-2）を参照）。演奏には高い技術が求められる作品である。

♫ 基本的に全体を1オクターヴ下の音域で演奏する。Un poco meno mosso における重音部では、適宜音を追加することによってチェロでの和音奏法に適した編曲を行い、重音部については同じ和声内で音の配置変更を行う（和音の解体を行う際はピアノの和声に準ずる）。

コラム『交響的舞曲』

興味深いことに、ラフマニノフの遺した3つの交響曲とそれと規模を同じくする二つの作品は、全て違う土地で書かれている。『交響曲第1番』（作品13）はロシアで、『交響曲第2番』（作品27）は主にドイツで、合唱交響曲『鐘』（作品35）の大部分はイタリアで、『交響曲第3番』（作品44）はスイスで書かれ、最後の大作『交響的舞曲』（作品45）はアメリカで完成された。

改訂や編曲を除いてラフマニノフが遺した最後の作品である『交響的舞曲』には、これまでの自身の作品が走馬灯のように現れ、『交響曲第1番』、『二台のピアノのための組曲第2番』（作品17）、『絵画的練習曲（第1巻）』（作品33）、合唱交響曲『鐘』、『徹夜祷』（作品37）、『交響曲第3番』からの引用、加えてグレゴリオ聖歌「ディエス・イレ」（怒りの日）最初の音節「Di-es-i-rae-di-es-il-la」の8音全ての完全な引用が認められる。また、1918年にロシアを去る際に唯一携えていた自分以外の作曲家による楽譜はリムスキー=コルサコフの歌劇『金鶏』であったが[31]、長年の研究対象であったその作品へのオマージュも第1楽章の動機に現れている。

他にも隠れた引用があるとされ、ボリショイ劇場の振付師K・ゴレイゾフスキーは、ラフマニノフが一部を作曲したと思われる幻のバレエ音楽『スキタイ人』も『交響的舞曲』に引用されていると語ったが(32)、草稿が見付かっていないことから、それが真実であるかは作曲者のみが知る所である。『交響曲第1番』についても、当時楽譜は失われたものとされていたため（コラム『交響曲第1番』参照）、ラフマニノフはその引用が自分だけの秘密になると信じていたに違いない。

また彼は作品のバレエ化を強く望み、作品の表題を当初「真昼」「黄昏」「真夜中」とする案を持っていた上で、『パガニーニの主題による狂詩曲』（作品43）のバレエ化に携わった振付師M・フォーキンに早くから相談していたが、間もなくしてフォーキンが亡くなったためそれが実現することはなかった(33)。

管弦楽スコアの完成に先駆けてまず二台ピアノ版が完成し、ラフマニノフの私邸でホロヴィッツとの共演によって初演が行われた。前述の『チェロとピアノのためのソナタ』（作品19）で触れた1940年の秘蔵録音には、指揮者E・オーマンディに『交響的舞曲』を弾いて聴かせたラフマニノフ自身によるピアノ演奏の断片が収録されているが、そこでは時折ピアノで網羅できない声部を歌う彼の声を聴くことができる。肝心な管弦楽版の録音については、本人が『交響曲第3番』と併せての録音を望んだにも関わらず、レコード会社が却下したため実現しなかった(34)。

ここで『交響的舞曲』を始め、ラフマニノフが最晩年の10年間で作曲に使用した「ラフマニノフ・スタインウェイ」(1932年製ニューヨーク・スタインウェイ/製造番号:273182)と呼ばれるピアノについて綴っておきたい。

「ラフマニノフ・スタインウェイ」(作曲家の没後に付けられた愛称)はラフマニノフのために特別に製造されたもので、当時のスタインウェイ社が高く評価した楽器である。本人もそのピアノを大変気に入り、『交響的舞曲』の作曲や『ピアノ協奏曲第4番』(作品40)最終版の改訂などに使用しただけでなく、1934年には演奏ツアーに同行させている。また、楽器はラフマニノフの私邸(ニューヨーク)に置かれていたことから、前述の『交響的舞曲』二台ピアノ版の初演において、ラフマニノフもしくはホロヴィッツによってそれが弾かれた可能性は高い。

ピアノはその後、1950年代後半にアメリカの作曲家S・バーバーの手に渡ったが、2020年には日本に空輸され、タカギクラヴィア社の高木裕氏によって修復がなされると、年間の使用回数に制限を設けて演奏会に用いられるようになった。鍵盤の蓋には大きな手を持っていたラフマニノフによるものと思われる傷もそのまま残されており、「ラフマニノフの音」と共に、時と場所を越えた日本で彼の面影を感じられるのである。

作曲中のラフマニノフ（「セナール」で。1930年代）
このピアノは60歳の誕生日の記念としてスタインウェイ社から贈られ、1934年7月終わりにラフマニノフが家族と共に「セナール」を訪れた際に運び込まれたもの

1932年製ラフマニノフ・スタンウェイ　製造番号273182
写真（下）と情報の提供：タカギクラヴィア株式会社
修復：タカギクラヴィア／所蔵：Tai Hasegawa

コラム　編曲に適したピアノ作品

ピアノ独奏曲の編曲に関しては、既に取り上げたラフマニノフ公認の「前奏曲（ト長調）」（作品23‐10）を除き、チェロ（または他の楽器）による器楽演奏に適している作品として、『幻想的小品集』（作品3）から「エレジー」「メロディ」「セレナード」を挙げたい。他にハイフェッツによる「ト長調前奏曲」（作品32‐5）、『絵画的練習曲（第1巻）』（作品33）の第2曲（ハ長調）と第7曲（変ホ長調）、『絵画的練習曲（第2巻）』（作品39）の第9曲（ニ長調）、そして「東洋のスケッチ」（1917年）などのヴァイオリン版が存在するが、これら以外にも「ト短調前奏曲」（作品23‐5）、「嬰ト短調前奏曲」（作品32‐12）を始めとする前奏曲集からの編曲、また『絵画的練習曲（第2巻）』の第9曲に第7曲（ハ短調）と第8曲（ニ短調）を付帯させた編曲（筆者は『絵画的練習曲（第2巻）』の第7、第8、第9曲の流れについて、広く「葬送」として知られている第7曲の後の連なりを、それぞれ「鎮魂」（第8曲）、「死後の世界」（第9曲）として解釈している）なども効果的であると考えられる。

『幻想的小品集』（作品３）より「エレジー」

幸運にもラフマニノフ本人による録音が遺されている『幻想的小品集』は五つの幻想曲で構成され、第2曲に名高い「嬰ハ短調前奏曲（鐘）」を持つ（前述「前奏曲（ト長調）」（作品23‐10）参照）。「エレジー」は曲集の最初に位置し、ポリフォニックな骨組みの中で悲愴感に満ちた旋律が紡がれてゆく。ラフマニノフの自演録音にある、出版譜にはない音や装飾音が足されている箇所に注意したい。

『幻想的小品集』（作品３）より「メロディィ」

第３曲の「メロディィ」は曲が進むに連れて変化する段階的な主題の編用と、三連符の和音進行によって構成される。ラフマニノフが亡くなる約３年前の１９４０年に大幅な改訂が加えられているが、そちらでは三連符和音のアルペジオへの置き換え、カデンツァの挿入なども見られ、より大きな演奏効果を狙った仕様となっている。Ａ・ヴラーソフによるチェ

コンサートの様子（1930年代末〜1940年初頭）

ロ版の編曲譜が入手可能であるが、これは1892年のオリジナル版に基づく編曲である。

『幻想的小品集』（作品3）より「セレナード」

終曲「セレナード」の東洋的な抒情は、既に述べたように、歌劇『アレコ』、「チェロとピアノのための東洋的舞曲」（作品2－2）といった作品から受け継がれ、ギター風のピアノ・パートはロマ音楽の模倣である。本作品も「メロディ」（作品3－3）と同じく1940年に改訂が加えられており、器楽による演奏効果上、チェロ（またはその他の楽器）で上演する際は、オリジナル版ではなく改訂版を基にした編曲が望ましい。

ラフマニノフの両手

註

（1）ハリソン、32
（2）ハリソン、37
（3）ボヤールスキイ
（4）高橋、6〜7
（5）Rieseman, 111
（6）ハリソン、89
（7）ハリソン、90
（8）ハリソン、91
（9）Bertensson/Leyda, 19
（10）Seroff, 1
（11）ハリソン、263
（12）ゲリンガス
（13）ハリソン、98
（14）ボヤールスキイ
（15）ボヤールスキイ
（16）ボヤールスキイ
（17）ホロヴィッツ、264
（18）『想い出』、38
（19）ピアティゴルスキー、201〜202
（20）Mitchell, 187
（21）イッサーリス、1
（22）『想い出』、53
（23）カザルス、103
（24）ボヤールスキイ
（25）ラフマニノフLP、6
（26）ハリソン、22
（27）ハリソン、27
（28）ハリソン、註釈041
（29）ハリソン、56〜57
（30）ハリソン、註釈044
（31）ハリソン、204
（32）ハリソン、184
（33）ハリソン、314
（34）ハリソン、320

おわりに

チェロ奏者から見たラフマニノフの音楽像

ラフマニノフとその作品は、あらゆる象徴主義芸術が目指した「音楽」を体現しながら多彩な変容を遂げ、唯一無二の幻想世界を創造しました。その芸術は、従来とは異なる手段を編み出すだけが革新なのではなく、彼が《交響曲第1番》に込めた先進的な挑戦、また二つの歌劇《吝嗇の騎士》、《フランチェスカ・ダ・リミニ》に示した斬新な手法からも理解できるように、伝統と様式を守ることが決して時代を後ろ向きに捉えることと同義ではないと証明しています。本書をここまで読み進めてくださった方に対しては、「時代遅れのロマン派」という言葉が全くラフマニノフ音楽の本質を表してはいないと、もはや説明するまでもないでしょう。

本書ではラフマニノフの全ての室内楽作品、歌劇、交響曲に加え、最も重要な合唱曲、そして90曲に達する（歌とピアノのための）全歌曲作品の中から半数を超える50曲を取り上げましたが、いかにラフマニノフ音楽の原点が〝歌〟にあるか、またチェロという歌心を最も重要とする楽器にとって、歌曲の器楽演奏がどれほど意義深いかを改めて認識する形となりました。

第1章で度々述べた「解放」によるラフマニノフの象徴主義は、私が特に彼の歌曲作品と向き合う上で最も重要な要素の一つとなっていますが、そもそもラフマニノフ歌曲をチェロで演奏しようと試みた最初のきっかけは、歌詞を伴うことで時折現実的過ぎる人間の声と彼の歌曲の関係を、別の角度から捉えようとした所にあります。歌曲をチェロ、またはその他の楽器で演奏する行為は〝歌曲の器楽性〟を追求することでもあり、そこには一見矛盾が存在するかのように思えるかも知れません。しかし、ドイツの哲学者A・ショーペンハウアーの言葉「音楽はきわめて普遍的な言語であり…意志という概念で考えられている世界の内奥の体質、世界それ自体を、音楽は一種類の材料すなわち単なる音で言い表わし、しかもその際最大の規定性と真実性とをそなえている…」[1]にヒントを得られるように、それは別の視点では、初めから言葉が意味から解放された状態に等しい純粋な「音楽」による、〝ラフマニノフの語法としての「音楽的象徴性」を最も直接的、かつ効果的に体現する方法〟として捉えることができるのです。

後期歌曲におけるその象徴主義的な理念のみならず、初期〜中期の歌曲、更には宗教的な題材を持つ歌曲に関しても、特にチェロによる器楽演奏は確固たる説得力を持ち得ると私は考えます。

J・S・バッハやベートーヴェンと比べると、惜しくもラフマニノフは作品数が多い方ではありませんが、これに関しては彼のキャリアが作曲に加えてピアノ、指揮の三つに跨がっていた事実に大きく由来します。その全てにおいて頂点を極めていながら彼は常に作曲だけに専念したい願望を持っていたのですから、もし彼が生活のためにピアノを弾く必要がなく、作曲だけに集中できる環境にあったのならば、他にどのような作品が生まれていたのか…想像は尽きません。また1918年にロシアを離れてからは、祖国への望郷の念にかられ続け、当時のモダニズムを(理解しようと努力はしたものの)受け入れられなかったことも、思うように作曲ができなかった理由として挙げられます。

ピアニストとしてのラフマニノフの特徴は、その独特のルバートと美しい弱音、歯切れの良さ、そして厳格な構成力といった部分に現れているように思いますが、それは彼が指揮者として創造する音楽にも共通していて、自身の三つの作品—交響詩《死の島》、《ヴォカリーズ》(管弦楽版)、《交響曲第3番》の録音には、そういった彼の特筆すべき音楽性が鮮明に表現されています。ラフマニノフの音楽は作曲、演奏のどちらにおいても情熱的というより常に幻想的であり、ロマン的であると同時に象徴的なのです。

ラフマニノフの信仰についての見解は第2章で述べた通りですが、音楽史上極めて重要な二つの宗教合唱曲はもちろん、本書で取り上げた宗教的題材ないし側面を持つ歌曲は、ラフマニノフ作品の中で重要な位置を占めるだけでなく、管弦楽作品、室内楽作品、ピアノ作品のどれに対しても非常に大きな影響を与えています。また、彼が初めて生み出した歌曲《聖なる僧院の門のかたわらに…》と、純粋に歌とピアノのために作られた最後の歌曲《二つの聖なる歌》より《神の栄光》を見ると明らかなように、ラフマニノフ歌曲の歴史において最初と最後に位置する作品はどちらも宗教的主題を持つというのも、非常に興味深い事実です。

ラフマニノフの室内楽作品に関しては、チェロ作品を含むその全てが前期~中期に集中しています。器楽奏者としてそれらを網羅するだけで作曲家の多様性を認識するのは困難ですが、既に述べた音楽的象徴性へのより一層の理解を深めるために、そこに到達する過程であるそれらの作品を知ることも、また必要不可欠です。そしてその後、中期~後期にかけて生まれたラフマニノフ芸術の頂点――《聖金口イオアン聖体礼儀》、合唱交響曲《鐘》、《徹夜祷》の三つの合唱作品、加えて《吝嗇の騎士》、《フランチェスカ・ダ・リミニ》の二つの歌劇については、本書で提案する器楽的、室内楽的な取り組みによって、多くの歌曲作品と共に、より広く真価が伝えられてゆくことを切に願っています。

「音楽は心で生まれ、心に届かなければ意味がない」

音楽の極意をも簡潔に論じる彼自身によるこの言葉は、幻想と現実、象徴主義、信仰――それら全てを包括した、芸術家としてのラフマニノフの本質を私たちに明確に伝えています。私は本書でそのいくつかの側面に光を当てたに過ぎず、偉大な作曲家を知る全ての鍵は、その音楽の中にあるのです。

註

（1）ショーペンハウアー、225

1919年夏　米国カリフォルニア州サンフランシスコ郊外で

伊藤悠貴『ラフマニノフ考』に寄せて

伊東一郎（早稲田大学名誉教授）

若きチェリストの伊藤悠貴さんからラフマニノフ論を出したいのだが、というお話を聞いたとき、私は最初正直戸惑いました。ラフマニノフといえばピアノ作曲家というイメージが強く、ラフマニノフを論じる人の殆どがピアノ作曲家としてラフマニノフを捉えているのに対して、チェリストである伊藤さんが、どのようにラフマニノフに関心を持ち、その音楽に近づいたのかがよく分からなかったからでした。しかし本書を通読し、伊藤さんの幼い頃からのラフマニノフへの深い傾倒と理解、個々の作品の細部にわたる鋭い分析に感銘を受けました。

私自身はロシア民謡からロシア語・ロシア文学研究の道に入り、ラフマニノフにはその声楽作品を通じて触れていきました。声楽愛好家としてロシア語の詩に作曲されたラフマニノフの歌曲を知ることとなり、合唱愛好家としてラフマニノフの宗教合唱曲を知り、合唱団の教会スラヴ語の発音指導などを通じてラフマニノフの音楽の深みに降りていったのです。

そのような私にとってラフマニノフの声楽曲に深い理解を示し、その入念な分析からラフマニノフ論を始める、という思いがけない本書の構想と姿勢に私は深い共感を抱きました。言葉から入って言葉を超えた音楽の高みへと昇っていった、というラフマニノフ音楽の把握は説得力あるものでした。ラフマニノフの音楽の根底にはいつも歌があった、という伊藤さんのことばに私も心から同感です。そのような伊藤さんのラフマニノフ観は、ご自身のチェロによるラフマニノフ作品の演奏に見事に結実している、と私は強く感じました。

私はここで一つのエピソードを思い出します。山田耕筰は1919年にニューヨークでラフマニノフに会うのですが、彼はその際に意外なことに「ピアノは西洋音楽の真髄を過《すぐ》るものです。私どもは演奏に便利だという点から、相当の興味をこの楽器に繋いでいますけれど、ほんとうに清純な音を望むならば、むしろピアノから離れた方がよくはないでしょうか」と語ったそうです。

この時ラフマニノフが何を考えていたかは知る由がありません。しかし真の作曲家はバッハのようにその高みにおいてジャンルや楽器の違いを超える普遍性を獲得する、と私は信じています。ラフマニノフもそのような作曲家の一人であることを、伊藤さんは本書と自らの演奏によって如実に示してくれました。そのことをラフマニノフを愛する者の一人として、私は心から嬉しく思うものです。

伊藤悠貴さんとラフマニノフ

平野恵美子（中京大学特定任用教授）

伊藤悠貴さんと言えばやはりラフマニノフ。「生まれ変わったらラフマニノフの『チェロ・ソナタ』になりたい」という伊藤さんの言葉はもはや語り草です。伊藤さんと出会ったきっかけは、拙訳『ラフマニノフの想い出』（水声社）をお送りしたことでした。コンサートにも足を運び、うっとりするような深く美しい音色はもちろんのこと、私のような素人音楽ファンにもわかる技術力の高さ、伊藤さんの演奏にすっかり魅せられてしまいました。

私の主な研究テーマは舞踊史ですが、ラフマニノフはバレエ曲こそ書いていないものの、無縁ではありません。『パガニーニの主題による狂詩曲』『春の流れ』は舞踊作品としても有名です。本書にもある通り、『交響的舞曲』はバレエ化を念頭に置いていました。

その伊藤さんから「ラフマニノフについて書いた本を出版したい」というご連絡を頂いたのは、2022年秋のことでした。伊藤さんとはそれまで何回かメールでやり取りをして、演奏以外の仕事の速さにもいつも驚かされていました。しかし「ラフマニノフ生誕150周年記念の2023年に出したい」と言われた時は、さすがに難しいのではと思ったものです。ところが恵雅堂に話が決まると、トントン拍子に進んだのでした。と言ってもその間、伊東一郎先生を始め何人かの方からもアドバイスがあったのですが、伊藤さんは指摘をすぐに反映させて、たちまち原稿を戻されました。その柔軟さ、そしてただ受け身ではなく疑問に思えば的確に伝える論理的思考。伊藤さんの正確さ、スピード、無駄の無さは、チェリストとしての成功にも現れていると思います。また伊藤さんの、音楽のみならずロシア芸術・文化に対する造詣の深さには圧倒されました。特にラフマニノフの歌曲に大きくかかわるロシア象徴主義に対する理解と鋭い考察には驚かされます。優れた演奏家は、感性と知性の両方に秀でているのだと改めて感銘を受けました。

伊藤さんはコンサートでたびたびラフマニノフの歌曲を、ご自分で編曲して演奏されています。ただ聴くだけでも素晴らしいのですが、本書を読むことで「声を伴わない」歌曲の、器楽による演奏をより楽しむことができるでしょう。また第2章以降では逆に、「声」が中心となる合唱曲や歌劇を取り上げているのも特筆すべき点です。作曲者自身が「最高傑作」と評した『鐘』や『徹夜祷』、初期から中期のオペラは傑作が少なくないにもかかわらず、演奏される機会は多くありません。ぜひこの機会に聴いてみて下さい。

謝辞

本書の執筆にあたり、ロシア文学・ロシア音楽文化史の第一人者である伊東一郎先生、舞踊・ロシア芸術文化研究の平野恵美子先生から大変貴重なご意見を幾度となく頂戴し、本書の発行人である恵雅堂出版の麻田恭一氏にも多大なるお力添えをいただきました。ここに深謝申し上げます。

また、ロシア文化（言語・音楽）の専門家としてご助力くださった高橋健一郎先生、ロシア文学研究の鴻野わか菜先生、文章表現についてアドバイスをいただいた日本文学研究の園山千里先生、内容精査に携わったハープ奏者・象徴主義研究の中村愛氏にも様々な場面でお世話になり、心より感謝いたします。

末尾ながら、所属事務所ジャパン・アーツの二瓶純一社長と社員の皆様、日本ヴァイオリンの中澤創太社長と社員の皆様、後援会と会員の皆様、家族、そして本書の帯文を書いてくださったピアニストの藤田真央氏に、この場をお借りして謝意を記します。

２０２３年10月吉日

伊藤悠貴

I hereby express my deepest and special gratitude to Maestro Johan de Meij, who wrote a truly breathtaking piece of music for myself upon my request to commemorate the 150th birth anniversary of Sergei Rachmaninoff, a work imbued with the perfectly Rachmaninoff-like "dry" fantasy: "Elegy & Scherzo -Homage a Sergei Rachmaninoff-" for solo cello and wind orchestra.

October 2023, Yuki Ito

ラフマニノフが埋葬されているケンシコ墓地
（ニューヨーク州ウエストチェスター郡バルハラ）

参考文献・参考音源

参考文献・参考音源　＊（　）内は注釈における略称

本書で参照する文献は主に英語、日本語による。ロシア語文献を使用しない点については、ロシア語を専門とする研究者の全面的な協力を得た上で、先人の研究に充分配慮した。

註は極力日本語での参照が可能になるよう、英語文献で日本語訳が刊行されているものは優先的に後者を記載し、それがない場合のみ原語版を引用した。

引用文献

日本語

・イッサーリス、S.「プログラム・ノート」2022年、神奈川県立音楽堂主催演奏会

・伊東一郎『ラフマーニノフ歌曲歌詞 対訳全集』（改訂版）2017年、惠雅堂

・今橋朗／竹内謙太郎／越川弘英（監修）「キリスト教礼拝・礼拝学事典」2006年、日本キリスト教団出版局（『キリスト教礼拝』）

・カザルス、P.『鳥の歌』（J.ロイド＝ウェバー編／訳：池田香代子）1989年、筑摩書房

・沓掛良彦／平野恵美子／前田ひろみ（訳）『ラフマニノフの想い出』2017年、水声社（『想い出』）

・黒木朋興『マラルメと音楽』2013年、水声社

・クロポトキン、P.『ロシア文学の理想と現実』上・下（訳：高杉一郎）1984・1985年、岩波文庫

・ゲーテ、J.W.v.『ゲーテ全集 第12巻』（訳：阿部六郎、大山定一、實吉捷郎）1937年、改造社

・ゲーテ、J.W.v.『詩集』（訳：高橋健二）1951年、新潮文庫

・鴻野わか菜「ロシア歌曲を読む」『会報』（第14号）2018年、日本アレンスキー協会

・属啓成「ラフマニノフの思い出 - ウィーンできいた演奏」『ラフマニノフ大全集』1980年、LP付属ブックレット（ラフマニノフLP）

・シェイクスピア、W.『ヴェニスの商人』（訳：河合祥一郎）2005年、角川文庫

・ショーペンハウアー、A.『意志と表象としての世界 II』（訳：西尾幹二）2004年、中央公論新社

・高橋健一郎「ロシア音楽・こぼれ話（2）」『会報』（第3号）2012年、日本アレンスキー協会
・ダンテ『神曲』地獄編（訳：寿岳文章）2003年、集英社
・デュバル、D.『ホロヴィッツの夕べ』（新装版）（訳：小藤隆志）2001年、青土社
・ハイネ、H.『詩集』（訳：片山敏彦）1951年、新潮文庫
・ハリソン、M.『ラフマニノフ　生涯、作品、録音』（訳：森松皓子）2016年、音楽之友社
・ピアティゴルスキー、G.『チェロとわたし』（新装版）（訳：村上紀子）2009年、白水社
・一柳富美子『ラフマニノフ 明らかになる素顔』2012年、東洋書店
・平野恵美子『帝室劇場とバレエ・リュス』2020年、未知谷
・プーシキン、A.『詩集』（訳：金子幸彦）1953年、岩波文庫
・プーシキン、A.『全集3：劇詩』（訳：栗原成郎）1972年、河出書房新社
・プロコフィエフ、S.『自伝／随想集』（新訳）（訳：田代薫）2010年、音楽之友社
・ペイター、W.『ルネサンス 美術と詩の研究』（訳：富士川義之）1986年、白水社
・ペレサダ、A.『シャリャーピンとバラライカ』（訳：広瀬信雄）2002年、新読書社
・ポー、E.A.『詩集』（訳：加島祥造）1997年、岩波文庫
・ポオ（ポー）、E.A.『詩と詩論』（訳：福永武彦、他）1979年、東京創元社
・モチューリスキー、K.『評伝ドストエフスキー』（訳：松下裕／松下恭子）2000年、筑摩書房
・ユゴー、V.『文学館 第1巻 詩集』（訳：辻昶／稲垣直樹／小潟昭夫）2000年、潮出版社
・ユゴー、V.『文学館 第10巻 クロムウェル・序文／エルナニ』（訳：西節夫／杉山正樹）2001年、潮出版社
・リムスキー＝コルサコフ、N.『自伝／わが音楽の生涯』（訳：服部竜太郎）1952年、音楽之友社

英語
・Bertensson, Sergei and Jay Leyda, Sergei Rachmaninoff: A Lifetime In Music (New York UP, 1956)

・Martyn, B. Rachmaninoff: Composer, Pianist, Conductor (Routledge, 1990)
・Mitchell, R. Sergei Rachmaninoff: Critical Lives (Reaktion Books, 2022)
・Rieseman, O.v. Rachmaninoff' s Recollections (Macmillan, 1934)
・Seroff, V. Rachmaninoff (Cassell, 1951)
・Shelley, P. Posthumous Poems (Mary Shelley, 1824)
・Sylvester, R.D. Rachmaninoff' s Complete Songs: A Companion with Texts and Translations (Indiana UP, 2014)
・Threlfall, Robert and Geoffrey Norris, Catalogue of the Compositions of Rachmaninoff (Scolar Press, 1982)

「口承による回想」
・ゲリンガス、D.(1946～)による回想
・ボヤールスキイ、A.(1944～)による回想

その他の参考文献

日本語
・ウィルソン、E.『ロストロポーヴィチ伝』(訳：木村博江) 2009年、音楽之友社
・サバネーエフ、L.『スクリャービン 晩年に明かされた創作秘話』(訳：森松皓子) 2014年、音楽之友社
・ストラヴィンスキー、I.『自伝』(訳：塚谷晃弘) 1981年、全音楽譜出版社
・スローニム、M.『ソビエト文学史』(訳：池田健太郎／中村喜和) 1976年、新潮社
・ソコロワ、O.I.『ラフマニノフ その作品と生涯』(新装版)(訳：佐藤靖彦) 2009年、新読書社
・チャイコフスキー、P.『一音楽家の思い出』(訳：渡辺護) 1952年、音楽之友社
・バジャーノフ、N.『伝記 ラフマニノフ』(改訂版)(訳：小林久枝) 2003年、音楽之友社
・久松英二『ギリシア正教東方の智』2012年、講談社
・広岡正久『ロシア正教の千年：聖と俗のはざまで』1993年、日本放送出版協会
・船山隆『ストラヴィンスキー：二十世紀音楽の鏡像』1985年、音楽之友社

英語

・Bullock, P.R. Rachmaninoff and His World (University of Chicago Press, 2022)

・Calvocoressi, D. Mussorgsky: His Life and Works (Rockliff, 1956)

・Challis, N. The Singer's Rachmaninoff (Rosen Pub Group, 1989)

・Culshaw, J. Sergei Rachmaninov (Dobson Books, 1949)

・Cunningham, R.E. Sergei Rachmaninoff: A Bio-Bibliography (Greenwood Pub Group, 2000)

・Frolova-Walker, M. Russian Music and Nationalism: from Glinka to Stalin (Yale UP, 2008)

・Haylock, J. Sergei Rachmaninov (Pavilion Books, 1997)

・Lyle, W. Rachmaninoff: A Biography (William Reeves, 1939)

・Piggott, P. Rachmaninov (Faber & Faber, 1978)

・Pyman, A. A History of Russian Symbolism (Cambridge UP, 1994)

・Rachmaninoff: His Complete Recordings (CD Booklet, 2005)

・Rachmaninoff plays Symphonic Dances: Newly Discovered 1940 Recording (CD Booklet, 2018)

・Sargeant, L. Harmony and Discord: Music and the Transformation of Russian Cultural Life (Oxford UP, 2011)

・Taruskin, R. Defining Russia Musically (Princeton UP, Revised version, 2001)

「参考音源」

・The Complete Sergei Rachmaninoff (LP) (RCA Records, 1980)

・Rachmaninoff: His Complete Recordings (CD) (Sony BMG Music Entertainment, 2005)

・Rachmaninoff plays Symphonic Dances: Newly Discovered 1940 Recording (CD) (Marston, 2018)

ラフマニノフ関連略年表

1873	4月	1日	0歳	ロシア・セミョーノヴォに誕生、4歳でピアノを習い始める
1882			9歳	ペテルブルクの音楽院で最初の専門的な音楽教育を受ける
1885			12歳	モスクワ音楽院に移り、更なる研鑽を積む
1887	11月		14歳	現存する最初の作品「無言歌」を作曲
1891	3月		17歳	合唱曲「私の神」で指揮者デビュー
1892	2月		18歳	初の自主演奏会開催（『ピアノ三重奏第1番』初演を含む）
	3月			『ピアノ協奏曲第1番』全曲に先駆けて第1楽章を初演
	5月		19歳	歌劇『アレコ』初演、モスクワ音楽院卒業時に大金メダル受賞
1894	2月		20歳	『ピアノ三重奏第2番』初演
1895	12月		22歳	「ジプシーの主題による奇想曲」で管弦楽指揮者デビュー
1897	3月		23歳	『交響曲第1番』初演が失敗に終わる
	10月		24歳	サン＝サーンスの歌劇でオペラ指揮者デビュー
1899	4月		26歳	指揮者、ピアニストとしてロンドンにデビュー（海外初公演）
1900	1月			L.トルストイと面会、1月〜4月ダーリ博士の催眠療法を受ける
	7月		27歳	「愛の二重唱」作曲（『交響曲第1番』以来の本格的な作曲再開）
	12月			『ピアノ協奏曲第2番』全曲に先駆けて第2、第3楽章を初演
1901	12月		28歳	『チェロとピアノのためのソナタ』初演
1902	5月		29歳	従妹ナターリヤ・サーチナと結婚
1904	2月		30歳	日露戦争勃発（〜1905.9）
	3月			ボリショイ劇場と副指揮者契約（〜1906.2）
1905	1月		31歳	ペテルブルクで「血の日曜日事件」発生、ロシア第一次革命
1906	1月		32歳	歌劇『吝嗇の騎士』『フランチェスカ・ダ・リミニ』初演
	11月		33歳	ドイツ・ドレスデンに移住
1908	2月		34歳	『交響曲第2番』初演
	10月		35歳	『ピアノ・ソナタ第1番』初演
1909	4月		36歳	ドレスデンを去り、再びロシアへ

	5月			交響詩「死の島」初演
	11月			『ピアノ協奏曲第3番』初演
1910	12月		37歳	宗教合唱曲『聖金口イオアン聖体礼儀』初演
1913	12月		40歳	合唱交響曲『鐘』初演
	12月			『ピアノ・ソナタ第2番』初演
1914	7月		41歳	第一次世界大戦勃発
1915	3月			宗教合唱曲『徹夜祷』初演
1916	11月		43歳	遺作を除く最後の歌曲集『六つの歌曲』初演
1917	3月			二月革命でニコライ二世が失脚し帝政崩壊、臨時政府成立
1917	11月		44歳	十月革命により臨時政府崩壊、ソビエト政権樹立宣言
1918	1月	5日		ロシアを永遠に去る
	11月	10日	45歳	アメリカ永住のためニューヨークに到着
	11月	11日		ドイツと連合国が休戦協定、第一次世界大戦終結
1922	12月		49歳	ソビエト社会主義共和国連邦成立
1926	3月		52歳	『ピアノ協奏曲第4番』初演
1930	9月		57歳	スイス・ルツェルン湖畔に別荘「セナール」のための土地を購入
1934	11月		61歳	『パガニーニの主題による狂詩曲』初演
1936	11月		63歳	『交響曲第3番』初演
1939	8月		66歳	ルツェルン音楽祭でヨーロッパ最後の演奏会
1939	9月			第二次世界大戦勃発（1945年8月終結）
1940	9月		67歳	最後の作品『交響的舞曲』完成に先駆けて二台ピアノ版を初演
1942	6月		69歳	ビヴァリーヒルズに最後の家（生涯で6軒目）を購入
1943	2月	17日		テネシー州ノックスヴィルで最後の演奏会
	3月	28日		午前1:30、ビヴァリーヒルズにて没
1945	10月			『交響曲第1番』再演（1897年の初演以来）
1991	12月			ソ連邦崩壊、『徹夜祷』を始めとする宗教音楽が公式に解禁される

著者略歴

伊藤悠貴（チェロ奏者）

1989年東京生まれ。15歳で渡英。ブラームス国際コンクール第1位、ウィンザー祝祭国際弦楽コンクール第1位。名門フィルハーモニア管弦楽団との共演でデビューして以来、ソリストとして世界各地に客演。

幅広いレパートリーの中核にラフマニノフ研究を据え、ワールドワイド・デビュー盤「ラフマニノフ：チェロ作品全集」、室内楽の殿堂ウィグモア・ホール（ロンドン）史上初のチェロ奏者による「オール・ラフマニノフ・リサイタル」など、その先駆けとして確固たる実績を築いている。

2019年（第17回）齋藤秀雄メモリアル基金賞受賞〔永久選考委員（当時）：小澤征爾、堤剛〕。

ラフマニノフ考

－チェロ奏者から見たその音楽像－

2023年11月3日　初版第1刷発行

著　者　伊藤　悠貴

発行者　麻田　恭一

発行所　恵雅堂出版株式会社

〒162-0053　東京都新宿区原町1-28　電話03-3203-4769

振替　00120-0-78413

ISBN 978-4-87430-052-7